Maßnahmen und Sanktionen im Lebensmittelrecht

Maßnahmen und Sanktionen im Lebensmittelrecht

Markus Möstl und Kai Purnhagen (Hrsg.)

Fachmedien Recht und Wirtschaft | dfv Mediengruppe | Frankfurt am Main

Bibliografische Information Der Deutschen Nationalbibliothek
Die Deutsche Nationalbibliothek verzeichnet diese Publikation in der Deutschen Nationalbibliografie; detaillierte bibliografische Daten sind im Internet über http://dnb.ddb.de abrufbar.

Schriften zum Lebensmittelrecht, Band 42

Herausgeber:	Forschungsstelle für Deutsches und Europäisches Lebensmittelrecht der Universität Bayreuth
Direktoren:	Prof. Dr. Markus Möstl
	Prof. Dr. Kai Purnhagen, LL.M.
Stellv. Direktoren:	Prof. Dr. Nikolaus Bosch
	Prof. Dr. Jörg Gundel
Ordentliche Mitglieder:	Prof. Dr. Claas C. Germelmann
	Prof. Dr. Peter W. Heermann, LL.M.
	Prof. Dr. Ruth Janal, LL.M.
	Prof. Dr. Stefan Leible
	Prof. Dr. Eva Julia Lohse
	Prof. Dr. mult. Eckhard Nagel
	Prof. Dr. Dr. Klaus Nagels
	Prof. Dr. Stephan Rixen
	Prof. Dr. Andreas Römpp
	Prof. Dr. Wolfgang Schaffert, Richter am BGH
	Prof. Dr. Martin Schmidt-Kessel
	Prof. Dr. Stephan Schwarzinger
	Prof. Dr. Heinrich Amadeus Wolff
Kooptierte Partner:	Prof. Dr. Olaf Sosnitza (Julius-Maximilians-Universität Würzburg)
	Prof. Dr. Rudolf Streinz (Ludwig-Maximilians-Universität München)

ISBN 978-3-8005-1788-6

© 2021 Deutscher Fachverlag GmbH, Fachmedien Recht und Wirtschaft,
Mainzer Landstraße 251, 60326 Frankfurt am Main

Das Werk einschließlich aller seiner Teile ist urheberrechtlich geschützt. Jede Verwertung außerhalb der engen Grenzen des Urheberrechtsgesetzes ist ohne Zustimmung des Verlages unzulässig und strafbar. Das gilt insbesondere für Vervielfältigungen, Bearbeitungen, Übersetzungen, Mikroverfilmungen und die Einspeicherung und Verarbeitung in elektronischen Systemen.

Druck: WIRmachenDRUCK GmbH, Mühlbachstraße 7, 71522 Backnang

Printed in Germany

Vorwort

„Maßnahmen und Sanktionen im Lebensmittelrecht" – unter dieser Überschrift, die an eine in der neuen EU-Kontrollverordnung getroffene Unterscheidung anknüpft, beschäftigte sich das 18. Bayreuther Symposium der FLMR mit aktuellen und grundsätzlichen Fragestellungen der richtigen Reaktion auf Rechtsverstöße und der korrespondierenden Rechte der Unternehmen. Zu der zweitägigen Tagung am 16./17. Oktober 2019 hatten sich über 135 Teilnehmer in den Räumen der Rechts- und Wirtschaftswissenschaftlichen Fakultät der Bayreuther Universität eingefunden, um diese Fragen gemeinsam zu erörtern. Namhafte Experten aus Wissenschaft und Praxis konnten für Referate gewonnen werden. Der vorliegende Tagungsband dokumentiert die Erträge dieses Symposiums.

Wir danken herzlich allen Referentinnen und Referenten für ihre engagierten und inhaltsreichen Vorträge sowie die Bereitschaft, zum Gelingen dieses Tagungsbandes beizutragen.

Bayreuth, im Dezember 2020   Markus Möstl (Hrsg.)

Inhalt

Vorwort..	V
Lebensmittelrechtliche Maßnahmen und Sanktionen im Lichte des Unionsrechts	
Prof. Dr. Jens Bülte..	1
VIG als Massenverfahren – „Topf Secret"	
Dr. Bernhard Mühlbauer....................................	25
Probleme des § 40 Absatz 1a LFGB	
Prof. Dr. Eberhard Haunhorst...............................	33
Probleme des § 40 Absatz 1a LFGB	
Petra Mock..	35
§ 40 Abs. 1a Nr. 3 LFGB als neue Sanktionsform?	
Rechtsanwalt Rochus Wallau................................	39
Schaffung eines einheitlichen Bußgeldkatalogs und Fragen der Bußgeldbemessung	
Dr. Stephan Koch...	45
Behördliche Maßnahmen bei Verstößen und Verdachtsfällen – was folgt aus Art. 137, 138 der neuen Kontrollverordnung?	
Prof. Dr. Markus Möstl....................................	49
Das Lebensmittelrecht aus datenschutzrechtlicher Perspektive	
Verena Stürmer und Prof. Dr. Heinrich Amadeus Wolff.........	65
Unterlassung und Rückruf im Lebensmittelrecht	
Prof. Dr. Franz Hofmann, LL.M. (Cambridge).................	81
Anforderungen an Compliance-Management-Systeme für Lebensmittelunternehmen	
Prof. Dr. Olaf Hohmann...................................	101
Bruttoprinzip bei Zuwiderhandlungen im Lebensmittelrecht – maßloses Einziehungsrecht?	
Prof. Dr. Nikolaus Bosch..................................	113

Lebensmittelrechtliche Maßnahmen und Sanktionen im Lichte des Unionsrechts

Prof. Dr. Jens Bülte, Mannheim[*]

Wenn Gefahrenabwehrrecht mit Sanktionen und anderen staatlichen Eingriffsmaßnahmen durchgesetzt werden muss, verschwimmen bisweilen die Grenzen zwischen Verwaltungs- und Strafrecht. Besonders offenkundig wird dies an der Gestaltung des Ordnungswidrigkeitenverfahrens, das mit der Verhängung der Sanktion durch die Verwaltungsbehörde bereits eine Zwischenstufe zwischen Straf- und Verwaltungsverfahren zu bilden scheint. Ist man sich bereits im deutschen Strafrecht nicht im Klaren darüber, nach welchen *materiellen* Kriterien das Kriminalstrafrecht vom Ordnungswidrigkeitenrecht abgegrenzt werden kann oder ob dies überhaupt sinnvoll und möglich ist[1] – durch die gesetzliche Bezeichnung der Rechtsfolge als Geldstrafe oder Geldbuße ist die formale Unterscheidung letztendlich leicht –, so stellt die Differenzierung zwischen Strafe im engeren Sinne, Sanktion und sonstigen Eingriffsmaßnahmen den Rechtsanwender vor grundlegende Probleme, die sich auch aus internationalen und europäischen Zusammenhängen ergeben.

Während im deutschen Recht in einigen Bereichen schlicht darauf abgestellt werden kann, ob der Gesetzgeber Strafen oder Geldbußen angedroht hat, um festzustellen, ob es sich bei der Rechtsfolge um eine Strafe handelt, ist dieser Weg in europäisch geprägten Rechtsgebieten, wie dem Lebensmittelrecht versperrt. Die Antwort auf die Frage, ob eine Rechtsfolge, der ein Lebensmittelunternehmer ausgesetzt ist, Strafe, Sanktion oder sonstige Maßnahme ist, kann sich nicht allein nach nationalem Recht richten, sondern muss im Lichte des Unionsrechts entwickelt werden. Denn das europäische Lebensmittelrecht muss eine einheitliche Antwort auf die Frage finden, welche materiellen Anforderungen und Verfahrensgarantien gelten. Ohne eine solche Vereinheitlichung wäre die Idee eines harmonisierten Lebensmittelrechts und Lebensmittelmarkts nicht umsetzbar und einheitliche Grundrechtsstandards unmöglich. Daher muss jedes nationale Recht, das europäische Vorgaben umsetzt, im Lichte des Unionsrechts gesehen werden.

---

1 Hierzu nur *Klesczewski* Ordnungswidrigkeitenrecht, 2. Aufl. 2016, § 1 Rn 23 ff.

[*] **Prof. Dr. Jens Bülte** ist Inhaber des Lehrstuhls für Strafrecht, Strafprozessrecht, Wirtschafts- und Steuerstrafrecht an der Universität Mannheim.

Prof. Dr. Jens Bülte

I. „Das Licht des Unionsrechts"

Was aber bedeutet Betrachtung des Lebensmittelrechts „im Lichte des Unionsrechts"? Zunächst besagt dies, dass bei der Auslegung und Anwendung des deutschen Lebensmittelrechts die unmittelbare Prägung und Bestimmung durch europäische Vorschriften zu bedenken und zu beachten ist. Im Lebensmittelrecht haben die Europäischen Gemeinschaften und die Europäische Union eine große Zahl im nationalen Recht unmittelbar wirksamer und anwendbarer Verordnungen geschaffen, u.a. die sog. BasisVO,[2] die Lebensmittelinformationsverordnung (LMIV)[3], die Health-Claims-Verordnung,[4] die Öko-Verordnung[5] oder die Vermarktungsverordnungen über unterschiedliche Tierprodukte. Darüber hinaus ergeben sich aus Europäischen Richtlinien Vorgaben für das nationale Recht, Regelungen also, die von den Gesetzgebern der Mitgliedstaaten in jeweiliges nationales Recht umzusetzen sind.[6] Doch auch über diese unmittelbaren und gezielten Regelungen hinaus wirkt das Europäische Recht umfassend und allgemein, indem es den Rechtsanwender zur unionsrechtskonformen Auslegung des nationalen Rechts im Ganzen zwingt.[7]

Jede nationale Vorschrift, die der Durchführung des EU-Rechts dient, ist unionsrechtskonform auszulegen, also so zu interpretieren, dass sie dem Sinn und Zweck der unionsrechtlichen Vorgaben gerecht wird und die Unionspo-

---

2 Verordnung (EG) Nr. 178/2002 des Europäischen Parlaments und des Rates vom 28. Januar 2002 zur Festlegung der allgemeinen Grundsätze und Anforderungen des Lebensmittelrechts, zur Errichtung der Europäischen Behörde für Lebensmittelsicherheit und zur Festlegung von Verfahren zur Lebensmittelsicherheit, ABl. EG v. 1.2.2002, L 31/1.
3 Verordnung (EU) Nr. 1169/2011 des Europäischen Parlaments und des Rates vom 25. Oktober 2011 betreffend die Information der Verbraucher über Lebensmittel und zur Änderung der Verordnungen (EG) Nr. 1924/2006 und (EG) Nr. 1925/2006 des Europäischen Parlaments und des Rates und zur Aufhebung der Richtlinie 87/250/EWG der Kommission, der Richtlinie 90/496/EWG des Rates, der Richtlinie 1999/10/EG der Kommission, der Richtlinie 2000/13/EG des Europäischen Parlaments und des Rates, der Richtlinien 2002/67/EG und 2008/5/EG der Kommission und der Verordnung (EG) Nr. 608/2004 der Kommission, ABl. EU v. 22.11.2011, L 304/18.
4 Verordnung (EG) Nr. 1924/2006 des Europäischen Parlaments und des Rates vom 20. Dezember 2006 über nährwert- und gesundheitsbezogene Angaben über Lebensmittel, ABl. EU v. 30.12.2006, L 404/9.
5 VO (EG) Nr. 834/2007 des Rates vom 28. Juni 2007 über die ökologische/biologische Produktion und die Kennzeichnung von ökologischen/biologischen Erzeugnissen und zur Aufhebung der Verordnung (EWG) Nr. 2092/91, ABl. v. 20.7.2007, L 189/1.
6 So etwa die Richtlinie 89/108/EWG des Rates vom 21. Dezember 1988 zur Angleichung der Rechtsvorschriften der Mitgliedstaaten über tiefgefrorene Lebensmittel ABl. EU v. 11.2.1989, L 40, S. 34; Richtlinie 92/2/EWG der Kommission vom 13. Januar 1992 zur Festlegung des Probenahmeverfahrens und des gemeinschaftlichen Analyseverfahrens für die amtliche Kontrolle der Temperaturen von tiefgefrorenen Lebensmitteln ABl. EU v. 11.2.1992, L 34, S. 33; Richtlinie 2001/110/EG des Rates vom 20. Dezember 2001 über Honig ABl. v. 12.1.2002, L 10, S. 47.
7 Allgemein hierzu vgl. nur *Frenz* Europarecht, 2. Aufl. 2016, Rn. 30 ff., 153 ff.; zur unionsrechtskonformen Auslegung im Strafrecht *Dannecker/Schuhr* in Leipziger Kommentar, StGB, Bd. 1, 13. Aufl. 2020, § 1 Rn. 342 ff.

litiken möglichst effektiv umsetzt.[8] Damit gilt zunächst der vom EuGH entwickelte und in ständiger Rechtsprechung[9] bestätigte Anwendungsvorrang des Unionsrechts.[10]

Kommt es dadurch zu einer Normkollision, dass die Anwendung nationaler Rechtsvorschriften im Einzelfall den unmittelbar geltenden Regelungen einer europäischen Verordnung oder den Vorgaben einer Richtlinie widersprechen, die europäischen Grundrechte verletzen oder grundlegende Interessen der Europäischen Union gefährden würden, so dürfen nationale Regelungen nicht so angewendet werden, dass es zu einer Schwächung der Effektivität des Unionsrechts, insbesondere zu einer Beeinträchtigung europäischer Grundrechte oder Grundfreiheiten kommt.[11] Das hat der EuGH etwa in der Sache *Steffensen* deutlich gemacht. Dort stellte er fest, dass für eine behördliche Lebensmittelprobe, mit der ein Verstoß gegen Lebensmittelvorschriften nachgewiesen werden sollte, ein Beweisverwertungsverbot bestehen kann, wenn es einem Beschuldigten nicht ermöglicht wurde, selbst Gegenprobe zu nehmen und untersuchen zu lassen, obwohl das Europäische Recht dies vorsah, da er ansonsten in seinem Recht auf ein faires Verfahren verletzt werde.[12]

Der Anwendungsvorrang kann also dazu führen, dass nationales Eingriffsrecht einschließlich des Strafrechts nicht angewendet werden darf, wenn es die europäischen Grundfreiheiten und rechtsstaatliche Grundlagen wie den Verhältnismäßigkeitsgrundsatz aushebeln würde.[13] Gerade dieser Aspekt der Verhältnismäßigkeit wurde beispielsweise in der Rechtsprechung zum Europäischen Mehrwertsteuerrecht vom EuGH vielfach herangezogen, wenn etwa konstatiert wurde, dass ein Mitgliedstaat keine Formalvorschriften anwenden darf, die dazu führen, dass ein Unternehmen einen Vorsteuerabzug nicht geltend machen kann, obwohl außer Frage steht, dass er aus materiellen Gründen einen Anspruch auf diesen Steuervorteil hat.[14] Insofern wirkt der Anwendungsvorrang also grundrechtsstärkend.

---

8 Vgl. nur EuGH v. 10.4.1984 – Rs. 14/83 (*Colson u. Kamann*), NZA 1984, 157 f.; v. 10.4.2003 – C-276/01 *(Steffensen)*, EuZW 2003, 666 ff. m. Anm. *Schaller*; v. 16.6.2005 – C-105/03 (*Pupino*), NJW 2005, 2839 ff.
9 Vgl. EuGH v. 26.2.2013 – C-617/10 *(Åkerberg Fransson)* Rn. 29, NJW 2013, 1415, 1416 (Rn. 29).
10 Zu den Grenzen der Anwendung der europäischen Grundrechte EuGH v. 24.10.2019 – C-469/18 *(IN/JM)*, UR 2019, 866 ff.
11 EuGH v. 8.9.2015 – C-105/14 *(Taricco)* NZWiSt 2015, 390 ff., m. Anm. *Bülte* vgl. ferner *Frenz* (Fn. 6) Rn. 127; *Hecker* Europäisches Strafrecht, 5. Aufl., 2015, Kap. 9 Rn. 10 ff.
12 EuGH v. 10.4.2003 – C-276/01 *(Steffensen)* Rn. 80; EuZW 2003, 666 (671) m. Anm. *Schaller*; vgl. auch EuGH v. 19.5.2009 – C-166/08 *(Weber)*, ZLR 2009, 600 ff. m. Anm. *Dannecker*.
13 Vgl. bereits EuGH v. 11.7.1974 – Rs. 8/74 *(Dassonville)*, NJW 1975, 515 f.; v. 20.2.1979 – Rs. 120/78 *(Cassis de Dijon)*, NJW 1979, 1766 f.
14 Vgl. nur EuGH v. 27.09.2007 – C 146/05 *(Collée)*, EuZW 2007, 669 ff.; v. 21.11.2018 – C-664/16 *(Vadan)*, DStR 2018, 2524 ff.

Im Kontext des Eingriffsrechts – auch des Sanktionenrechts – kann es jedoch auch zu Grundrechtskonkurrenzen und -beschränkungen kommen, wie die Judikatur des EuGH zum Verjährungsrecht gezeigt hat.[15] Der Gerichtshof hat in der Sache *Taricco*[16] festgestellt, es sei mit dem Unionsrecht nicht vereinbar, wenn durch eine Anwendung des italienischen Verjährungsrechts die effektive Verfolgung organisierter Straftaten gegen die finanziellen Interessen der Europäischen Union weitgehend unmöglich gemacht werde. Zwar gelte im Strafrecht der Grundsatz nullum crimen sine lege, aber diese Ausprägung gesetzlicher Bestimmtheit habe nur im materiellen Strafrecht uneingeschränkte Geltung. Daher könne es im Einzelfall zulässig und geboten sein, Verjährungsregeln des nationalen Rechts nicht anzuwenden, wenn ihre Anwendung dazu führt, dass finanzielle Interessen der Europäischen Union nicht effektiv geschützt würden. Denn die Verjährungsregeln gehörten dem Verfahrensrecht an, nicht dem materiellen Strafrecht.[17] Diese Entscheidung hat der Gerichtshof in der Sache *M. A.B. und M. B.*[18] zwar relativiert, ohne allerdings von der grundsätzlichen Annahme abzurücken, dass die europäischen Grundrechtsstandards nicht nur Mindest-, sondern auch Höchststandards sein können.[19]

Die Grundsätze des Art. 325 AEUV – die die Mitgliedstaaten zum Schutz der finanziellen Interessen verpflichten – sperren also nach dieser Rechtsprechung im Einzelfall sogar die Anwendung nationaler Grundrechte. Auf der anderen Seite sind die europäischen Grundrechte in jedem Fall einzuhalten, wenn nationales Recht angewendet werde, um europäisches Recht durchzuführen. Daher entschied der EuGH in der Sache *Dziev,*[20] die Anordnung einer Telekommunikationsüberwachung zur Verfolgung organisierter Umsatzsteuerhinterziehung durch ein unzuständiges Gericht stelle einen Verstoß gegen den Grundsatz dar, dass in die Privatsphäre nur aufgrund eines Gesetzes eingegriffen werden darf. Es handele sich damit um eine Verletzung eines Grundrechts der Charta der Europäischen Union, die ein Beweisverwertungsverbot zur Folge habe, soweit es sich bei der Strafverfolgung um die Durchführung Europäischen Rechts handelt. Dies wäre allerdings im Bereich des stark europäisierten Lebensmittelrechts typischerweise anzunehmen. Damit wird deut-

---

15 Angedeutet bereits in EuGH v. 26.2.2013 – C-617/10 *(Åkerberg Fransson)*, Rn. 29, NJW 2013, 1415 (1416) m. Anm. *Dannecker* JZ 2013, 616 ff.; zur Einordnung des Verjährungsrechts in Deutschland *Asholt* Verjährung im Strafrecht, 2016, S. 168 ff.; ferner *Ebner* Verfolgungsverjährung im Steuerstrafrecht, 2015, S. 79 ff.
16 EuGH v. 8.9.2015 – C-105/14 *(Taricco)* Rn. 58, m. Anm. *Bülte* NZWiSt 2015, 390 (395 f.); grundsätzlich bestätigt in EuGH v. 5.6.2018 – C-612/15 *(Kolev)* Rn. 66, EuGRZ 2018, 649 (655).
17 EuGH v. 8.9.2015 – C-105/14 *(Taricco)* m. Anm. *Bülte* NZWiSt 2015, 390 ff.
18 EuGH v. 5.12.2017 – C-42/17 *(M. A.S. & M. B.)* Rn. 59 ff., NJW 2018, 217 (220 f.) m. Anm. *Pilz.*
19 Instruktiv hierzu Schlussanträge des Generalanwalts beim EuGH v. 25.7.2018 – C-310/16 *(Dziev)* Rn. 113 ff.
20 EuGH v. 17.1.2019 – C-310/16 *(Dziev)* Rn. 25 ff., UR 2019, 311 (314 ff.); vgl. auch *Böse* ZIS 2020, 477 ff.

lich, dass die europäischen Grundfreiheiten, Grundrechte und Rechtsstaatsprinzipien unmittelbar auf das nationale materielle (Straf-)Recht und (Straf-)Verfahrensrecht durchschlagen.

II. Europäische Beurteilung von Sanktionen und anderen Eingriffsmaßnahmen

Wenn bei der Durchführung von Unionsrecht stets die europäischen Grundfreiheiten, Grundrechte und rechtsstaatlichen Prinzipien Anwendung finden, können sich ihre Anwendungsvoraussetzungen zwangsläufig nicht nach mitgliedstaatlichem Recht richten. Eine vornehmlich mitgliedstaatliche Auslegung der Grundrechtsstandards könnte zu einem uneinheitlichen Grundrechtsschutz bei der Durchführung von Unionsrecht innerhalb der Europäischen Union führen und damit die Harmonisierungsziele der Gemeinschaft konterkarieren. Daher müssen für die Anwendung der europäischen Grundrechte einheitliche Standards gelten, hinter denen die nationalen Grundrechte nach Auffassung des EuGH im Einzelfall zurücktreten müssen, wenn ansonsten die Gefahr bestünde, dass die Verwirklichung der Politiken und Ziele der Europäischen Union durch die sinnwidrige Ausführung von Unionsrecht nachhaltig gestört würde.

Für die Anwendung der Justizgrundrechte, insbesondere der Garantien im Strafrecht und Strafverfahrensrecht gelten daher europäische Standards.[21] Es bestimmt sich grundsätzlich nach europäischen Kriterien, ob es sich bei einer mitgliedstaatlichen Maßnahme, die der Durchführung von Unionsrecht dient, etwa im Mehrwertsteuerrecht, im Kapitalmarktrecht oder auch im Lebensmittelrecht um eine Strafe im engeren Sinne handelt, für deren materielle Beurteilung die Garantien des Strafrechts gelten, insbesondere der Grundsatz nullum crimen sine lege. Gleiches gilt für die Garantien im Strafverfahren, wie die Grundsätze in dubio pro reo, nemo tenetur oder ne bis in idem. Auch sie gelten nur, wenn in einem staatlichen Verfahren eine *Strafe* verhängt werden kann.

Es bedarf daher einer eingehenden unionsrechtlichen Betrachtung einer jeden staatlichen Eingriffsmaßnahme auf diesen europäisch geprägten Rechtsgebieten, inwieweit sie Strafe, Sanktion anderer Art oder sonstiger Maßnahme ist, um zu bestimmen, welche materiellen Garantien und Verfahrensgewährleistungen zu beachten sind.

---

21 Zentral hier EuGH v. 18.7.2007 – C-288/05 (*Kretzinger*) Rn. 33 ff., NJW 2007, 3412 (3413); EuGH v. 26.2.2013 – C-617/10 *(Åkerberg Fransson)*, Rn. 29, NJW 2013, 1415 (1416); v. 17.1.2019 – C-310/16 (*Dziev*) Rn. 25 ff., UR 2019, 311 (314).

Prof. Dr. Jens Bülte

1. Erscheinungsformen von Maßnahmen und Sanktionen

Bei der Vielzahl rechtlicher Reaktionsmöglichkeiten, die der Staat aufbieten kann, um unerwünschtes Verhalten zu verhindern, zu sanktionieren oder erwünschtes Verhalten zu fördern, kann die Einordnung einer einzelnen Maßnahme als Strafe oder Nichtstrafe im Einzelfall Schwierigkeiten bereiten. Dabei sollen hier nur die aktiven Eingriffsmöglichkeiten des Staates in den Blick genommen werden, auch wenn man durchaus erwägen kann, auch die Nichtgewährung eines Vorteils als Sanktion zu qualifizieren, z.B. die Versagung eines Steuervorteils im Mehrwertsteuerrecht.[22]

Aus der Rechtsprechung des EuGH – etwa in den Entscheidungen *Menci*[23] und *Bonda*[24] – wird deutlich, dass Sanktion nicht mit Strafe gleichgesetzt werden darf. Der EuGH verwendet den Begriff der Sanktion als Oberbegriff für negative Rechtsfolgen einer Rechtsverletzung und sieht die Strafen als eine besondere Sanktionsform an.

Als Rechtsfolgen bei Verstößen gegen das Lebensmittelrecht sind zunächst die „echten" Kriminalstrafen zu nennen, die Freiheits- und die Geldstrafe wie sie §§ 58, 59 LFG oder §§ 222, 263 StGB androhen. In der Folge können aber auch Nebenstrafen wie die Einziehung (§ 61 LFGB) oder ein Berufsverbot (§§ 61 Nr. 6, 70 StGB) verhängt werden. Es kommen ferner Geldbußen (§ 60 LFGB) und die Abschöpfung von Vermögensvorteilen in Betracht (§§ 73 StGB, §§ 17 Abs. 4, 29a OWiG), die ebenfalls Folge einer im Straf- oder Ordnungswidrigkeitenverfahren festgestellten Zuwiderhandlung sein können bzw. müssen.

Rechtliche Konsequenz eines Verstoßes gegen Lebensmittelrecht können aber auch weniger naheliegende Rechtsfolgen sein, wie die Kürzung einer Subvention nach Art. 91 ff. VO (EU) 1306/2013 i.V.m. Art. 14 ff. BasisVO[25] oder die Veröffentlich einer (möglicherweise) begangenen Zuwiderhandlung gegen Lebensmittelrecht (§ 40 Abs. 1a LFGB, Art. 10 BasisVO).[26] Es können Eintragungen von Verstößen in das Gewerberegister erfolgen (§ 149 Abs. 2 GewO). Für Lebensmittel, die nicht sicher sind, gelten Verkehrsverbote (§ 53 LFGB). Schließlich treffen den Lebemsmittelunternehmer Duldungs-, Mitwirkungs-, Offenbarungs- (§§ 38 ff. LFGB) und Rückrufpflichten (Art. 19 BasisVO).

---

22 Vgl. als Sanktion sah die Versagung der Vorsteueranspruchs EuGH v. 13.3.2014 – C-107/13 (*FIRIN*) Rn. 42 f., DStR 2014, 650 (652); nicht als Sanktion sah dies dagegen EuGH v. 18.12.2014 – C-131/13, 163/13, 164/13 (*Italmoda*) Rn. 61, BB 2015, 544 (548) m. Anm. *Hummel*.
23 EuGH v. 20.3.2018 – C524/15 (*Menci*) Rn. 26 ff., UR 2018, 489 (492).
24 EuGH v. 5.6.2012 – C-489/10 (*Bonda*) Rn. 28 ff., EuZW 2012, 543 (544 ff.).
25 Vgl. hierzu *Bruhn/Bülte* ZIS 2019, 517 ff.
26 Vgl. hierzu grundlegend BVerfGE v. 21.3.2018 – 1 BvF 1/13, BVerfGE 148, 40 ff.; *C. Dannecker* JZ 2013, 924 ff.; *Hufen* ZLR 2019, 539 ff.; *Möstl* ZLR 2019, 343 ff.

Alle diese Maßnahmen kann der Lebensmittelunternehmer als Strafe empfinden; sie können existenzbedrohende Wirkungen haben und führen regelmäßig zu unmittelbaren und mittelbaren wirtschaftlichen Nachteilen für den Unternehmer. Dennoch handelt es sich bei diesen Rechtsfolgen nicht um Strafen im Rechtssinne, so dass auch nicht unbesehen die genannten materiellen Garantien des Strafrechts und rechtsstaatlichen Verfahrenssicherungen des Strafprozessrechts angewendet werden dürfen. Es kommt vielmehr darauf an, ob die drohende Sanktion im konkreten Fall als Strafe im unionsrechtlichen Sinne zu klassifizieren ist.[27]

2. Allgemeine Kategorisierung von Maßnahmen

Die Geltung der materiellen Garantien und der Verfahrenssicherungen des Strafrechts richtet sich bei allen staatlichen Maßnahmen mit Unionsrechtsbezug nach den vom Europäischen Gerichtshof für Menschenrechte (EGMR) entwickelten und vom EuGH im Wesentlichen übernommenen[28] Kriterien. Zur Herausbildung eines Maßstabs für die Einordnung eines staatlichen Eingriffs als Strafe hat hier insbesondere die Entscheidung des EGMR in der Sache *Engel*[29] beigetragen. Weitere Ergänzungen und Konkretisierungen der sog. *Engel*-Kriterien haben vor allem die Entscheidungen in Sachen *Simkus*[30] und *Zolothukin*[31] gebracht. Dabei sind diese Merkmale nicht zwingend alle kumulativ anzuwenden, vielmehr nimmt der EGMR eine Gesamtbetrachtung vor und bestimmt die Charakterisierung einer Maßnahme in einem Wertungsakt, in dem die einzelnen Wertungsaspekte auch unterschiedliches Gewicht erhalten können. So lässt sich der Entscheidung des EGMR in Sachen *Engel* entnehmen, dass der Strafcharakter nicht zwingend von der Schwere der Sanktion abhängig ist, auf der anderen Seite ihr Gewicht – insbesondere bei Freiheitsentziehungen – aber wichtige indizielle Bedeutung hat.[32]

a) Einordnung der Sanktion nach innerstaatlichem Recht (*„legal classification of the offence under national law"*)

Der EGMR stellt zur Beantwortung der Frage nach dem Strafcharakter zunächst auf die Einordnung der Sanktion nach dem jeweils geltenden inner-

---

27 Vgl. auch EGMR v. 17.12.2009 – Nr. 19359/04 (*M. v. Germany*) Rn. 120 ff., m. Anm. *Eschelbach* NJW 2010, 2495, 2497 ff.
28 Vgl. nur EuGH v. 20.3.2018 – C-524/15 Rn. 26 (*Menci*), UR 2018, 489 (492), aber auch bereits EuGH v. 5.6.2012 – C-489/10 (*Bonda*) Rn. 37, EuZW 2012, 543 (544) und v. 26.2.2013 – C-617/10 (*Åkerberg Fransson*) Rn. 35, NJW 2013, 1415 (1417).
29 EGMR v. 8.6.1976 – Nr. 5100/71, 5101/71, 5102/71, 5354/72, 5370/72 (*Engel*).
30 EGMR v. 13.06.2017 – Nr. 41788/11 (*Simkus v. Lithuania*) Rn. 42 ff.
31 EGMR v. 08.09.2005 – Nr. 14939/03 (*Zolotukhin v. Russia*) 53 ff.
32 EGMR v. 8.6.1976 – Nr. 5100/71 (*Engel v. Netherlands*) Rn. 82 ff.

staatlichen Recht ab (*„legal classification of the offence under national law"*), also darauf, ob das nationale Recht eine Maßnahme als Strafe versteht und bezeichnet. Doch ist dies – etwa die Bezeichnung als *„administrative offence"*[33] – nur ein erstes Indiz für die Einordnung. Der EuGH geht in der Entscheidung zur Sache *Menci* davon aus, dass eine als Verwaltungssanktion bezeichnete und in einem als Verwaltungsverfahren verhängte Sanktion indiziell nicht als Strafe in diesem Sinne zu behandeln sei.[34]

Doch kann nach der Entscheidung des EGMR in Sachen *Simkus*[35] auch eine Geldbuße durchaus eine Strafe sein; hier komme es im Ergebnis auf die im Gesetz abstrakt angedrohte Höchstsanktion an.[36] Damit ist es durchaus denkbar, *eine* Geldbuße nach menschenrechtlicher Bewertung nicht als Strafe einzuordnen, während eine *andere* Geldbuße – mit höherer im Gesetz angedrohter Höchstsanktion – eine Strafe in diesem Sinne darstellt.

In der Sache *Öztürk*[37] hat der EGMR eine deutsche Geldbuße wegen einer Verkehrsordnungswidrigkeit auch mit dem Argument als Strafe angesehen, dass Verfehlungen dieser Art in der großen Mehrzahl der Vertragsstaaten zum Strafrecht gehören. Die Bezeichnung des Verstoßes als „minor" (in der Sache *Simkus*: *„minor hooliganism"*) stehe einer Bewertung als Strafe insbesondere dann nicht entgegen, wenn als Rechtsfolge ein – sei es auch nur kurzzeitiger – Freiheitsentzug angedroht ist.[38]

Dass die rechtliche Einordnung einer Sanktion nach nationalem Recht allein für die Bewertung als Strafe nicht maßgeblich sein kann, folgt nicht nur daraus, dass ansonsten kein einheitlicher Schutzstandard der Menschenrechtskonvention erreicht werden könnte. Vielmehr ist eine autonome menschenrechtliche Beurteilung geboten, weil es die Vertragsstaaten ansonsten in der Hand hätten, die Geltung der besonderen menschenrechtlichen Verfahrensgarantien bei der Verhängung von Strafen über das nationale Recht zu bestimmen.[39]

b) Art der Zuwiderhandlung (*„very nature of the offence"*)

Neben das formale Kriterium der Klassifizierung nach innerstaatlichem Recht tritt in der Rechtsprechung von EGMR und EuGH mit der Art der Zuwider-

---

33 EGMR v. 08.09.2005 – Nr. 14939/03 (*Zolotukhin v. Russia*) Rn. 52; v. 13.06.2017 – Nr. 41788/11 (*Simkus v. Lithuania*) Rn. 41 ff.
34 EuGH v. 20.3.2018 – C524/15 (*Menci*) Rn. 29, UR 2018, 489 (492).
35 EGMR v. 13.06.2017 – Nr. 41788/11 (*Simkus v. Lithuania*) Rn. 44.
36 Vgl. EGMR v. 1.3.2016 – Nr. 50124/13 (*Milenkovic v. Serbia*) Rn. 36.
37 EGMR v. 21.02.1984 – Nr. 8544/79 (*Öztürk v. Germany*) Rn. 50 ff.
38 EGMR v. 08.09.2005 – Nr. 14939/03 (*Zolotukhin v. Russia*) Rn. 55.
39 Vgl. EGMR v. 21.02.1984 – Nr. 8544/79 (*Öztürk v. Germany*) Rn. 49.

handlung („*very nature of the offence*") ein materielles Kriterium. Hier kommt es zum einen darauf an, zum Schutz welcher Interessen oder Rechtsgüter die verletzten Schutzvorschriften dienen, deren Bewehrung die potenzielle Strafvorschrift bewirken soll. Maßgeblich ist also, welchen Zweck die Norm verfolgt, die eine Rechtsfolge für den Fall androht, dass das in ihr formulierte Ge- oder Verbot nicht eingehalten wird. Insbesondere, wenn Vorschriften durch die Sanktionsandrohung den Schutz der öffentlichen Ordnung und des öffentlichen Friedens bewirken sollen und zur Erreichung dieses Ziels Rechtsfolgen androhen, die sich nicht an eine bestimmte Gruppe von Personen, sondern an die Allgemeinheit richten, spreche diese Zielsetzung für eine Klassifizierung als Strafe.[40]

Zum anderen berücksichtigen EGMR[41] und EuGH[42] auch die Zielrichtung, die Natur der Sanktion selbst. Dient sie der Abschreckung und dem Schuldausgleich, so soll sie nach Rechtsprechung des EGMR in der Sache *Simkus* eher als Strafe zu betrachten sein.[43] Das hatte der Gerichtshof bereits in der Sache *Ötztürk* deutlich gemacht und mit Blick auf das deutsche Ordnungswidrigkeitenrecht festgestellt, dass die Reformen in den 1960er und 1970er Jahren in Deutschland zu einer erheblichen Entkriminalisierung geführt haben und dies Bedeutung für die Natur der Sanktion habe.[44] Dennoch diene die Geldbuße im deutschen Ordnungswidrigkeitenrecht nach wie vor der Abschreckung. Das sei typisch für eine Strafe, selbst wenn die Sanktion *auch* (andere) präventive Zwecke verfolgen könne. Dementsprechend führt der EuGH in der Sache *Menci*[45] aus, dass eine Sanktion mit repressiver Zielsetzung als strafrechtliche Sanktion anzusehen sei und dieser Kategorisierung nicht entgegenstehe, wenn die Sanktionsvorschrift auch präventive Ziele verfolge.

c) **Schwere der Maßnahme** („*severity of the measure*")

Schließlich soll ein faktisches Kriterium große Bedeutung bei der Einordnung einer Maßnahme als Strafe im engeren Sinne haben: die Schwere oder Ernsthaftigkeit der Maßnahme („*severity of the measure*"). Hierbei liegt es zunächst auf der Hand, dass es um die faktische Wirkung der Maßnahme geht, also welche tatsächlichen Konsequenzen die konkrete Rechtsfolge haben kann. Die Freiheitsentziehung mit ihrem grundlegenden Eingriff in die innerste Per-

---

40 EGMR v. 08.09.2005 – Nr. 14939/03 (*Zolotukhin v. Russia*) Rn. 55; v. 13.06.2017 – Nr. 41788/11 (*Simkus v. Lithuania*) Rn. 43; vgl. EGMR v. 1.3.2016 – Nr. 50124/13 (*Milenkovic v. Serbia*) Rn. 35.
41 Vgl. EGMR v. 21.02.1984 – Nr. 8544/79 (*Ötztürk v. Germany*) Rn. 52.
42 EuGH v. 20.3.2018 – C 524/15 (*Menci*) Rn. 31, UR 2018, 489 (492).
43 EGMR v. 13.06.2017 – Nr. 41788/11 (*Simkus v. Lithuania*) Rn. 44.
44 EGMR v. 21.02.1984 – Nr. 8544/79 (*Ötztürk v. Germany*) Rn. 49.
45 EuGH v. 20.3.2018 – C 524/15 (*Menci*) Rn. 30, UR 2018, 489 (492).

sönlichkeitssphäre ist damit grundsätzlich Strafe im engeren Sinne.[46] Aber auch die Geldsanktion kann je nach Höhe der auferlegten Geldzahlung Strafe sein. Das ist etwa bei der deutschen Geldbuße grundsätzlich anerkannt und wurde auch vom EuGH in der Sache *Menci* für einen Steuerzuschlag nach italienischem Recht angenommen.[47]

3. Einordnung konkreter Maßnahmen nach internationalen Kriterien

Wendet man diese Merkmale der Strafe nach menschen- und unionsrechtlichen Standards auf konkrete Rechtsfolgen des Lebensmittelrechts an, so bilden sich die Charaktere der Maßnahmen des Lebensmittelrechts in unterschiedlicher Deutlichkeit heraus.

a) Einordnung konkreter Maßnahmen nach innerstaatlichem Recht

Mit Blick auf die Kategorisierung nach innerstaatlichem Recht wird ersichtlich, dass Freiheitsstrafe und Geldstrafe nach dem StGB sowie Geldbuße nach dem OWiG und Einziehung nach LFGB und StGB – soweit es ungefährliche Gegenstände betrifft, die wegen ihrer Nutzung zur Begehung von Straftaten eingezogen werden (§§ 74 ff. StGB) – als Strafe zu klassifizieren sind.[48] Als Gefahrenabwehrmaßnahmen und damit nicht als Strafe nach nationalem Recht kann man dagegen wohl nach diesem ersten Kriterium der *Engel*-Rechtsprechung die Veröffentlichung möglicher Zuwiderhandlungen, die Eintragung in ein Gewerberegister und die Duldungs-, Mitwirkungs- und Offenbarungspflichten einordnen.

Bei den letzteren Eingriffen in Grundrechte des Unternehmers dürfte dies kaum streitig sein, denn die Duldungs-, Mitwirkungs- und Offenbarungspflichten dienen dazu, den Lebensmittelüberwachungsbehörden die Erfüllung ihrer Aufgaben überhaupt zur ermöglichen. Wenn der zuständige Lebensmittelkontrolleur das Unternehmen nicht betreten könnte, Unterlagen nicht vorgelegt werden müssten etc., könnte keine effektive Überwachung stattfinden. Auch die Eintragung einer rechtskräftigen Bußgeld- oder Strafsachenentscheidung in das Gewerberegister dürfte man kaum als Strafe im hier relevanten Sinne ansehen können. Denn dieses Register dient Behörden dazu, sich vor einer Entscheidung der persönlichen Zuverlässigkeit des Unternehmers zu versichern. Auch wenn das Register ausweislich der Begründung des Geset-

---

[46] Zum Begriff der Freiheitsentziehung EGMR v. 8.6.1976 – Nr. 5100/71 (*Engel v. Netherlands*) Rn. 60 ff.
[47] EuGH v. 20.3.2018 – C 524/15 (*Menci*) Rn. 33, UR 2018, 489 (493).
[48] BGH v. 26.04.1983 – 1 StR 28/83, NJW 1983, 2710 f.; Schönke/Schröder/*Eser/Schuster* StGB, 30. Aufl. 2019, Vor §§ 73 ff. Rn. 20.

zesentwurfs zur Einführung der §§ 149 ff. GewO auch dem Zweck dienen soll, gegen Wirtschaftskriminalität effektiver vorzugehen,[49] wird man die Eintragung als solche kaum als Strafe ansehen können, allenfalls als Vorbereitung einer Ermittlungsmaßnahme.

Die Veröffentlichungen nach § 40 Abs. 1a LFGB könnte man dagegen angesichts ihrer Wirkungen durchaus als Sanktionsmaßnahme betrachten.[50] Doch in der Begründung des Gesetzesentwurfs zum ursprünglichen § 40 Abs. 1a LFGB zum 1.9.2012[51] heißt es – ganz unter dem Eindruck des Dioxinskandals des Jahres 2011 –, die neue Vorschrift trage dem Interesse des Bürgers Rechnung, der erfahren wolle, welche Lebensmittel belastet sind und zudem ein Interesse „an verlässlichen behördlichen Informationen über das Marktumfeld" habe.[52] Es liegt hier wegen der Gesamtstruktur der Vorschrift als Instrument der Gefahrenabwehr durch Information von Verbrauchern nahe, die Veröffentlichung nach dem Kriterium der Einordnung nach nationalem Recht nicht als Sanktion anzusehen.[53] Es ist in diesem Zusammenhang darauf hinzuweisen, dass zwar die abschreckende Wirkung einer solchen Veröffentlichung zumindest durch den Bundesrat und vom Bundesverfassungsgericht durchaus gesehen wurde, doch hat der Gesetzgeber die Schaffung von Transparenz bei Konsumentscheidungen klar in den Mittelpunkt seiner Überlegungen gestellt.[54] Es kommt letztlich auch nicht darauf an, ob in der rechtspolitischen Diskussion im Gesetzgebungsverfahren auch der Abschreckungszweck erkannt wurde, maßgeblich ist vielmehr die Zielrichtung, die der Gesetzgeber dem Gesetz geben wollte.[55]

Auch die Abschöpfung von Vermögensvorteilen aus Zuwiderhandlungen gegen Lebensmittelrecht ist nach ausdrücklicher Zielsetzung des Gesetzgebers keine Strafe. Bei der Entziehung von Vermögenswerten, die durch Straftaten erlangt sind, handele es sich vielmehr um eine quasi-bereicherungsrechtliche Maßnahme.[56]

Die Einordnung der Kürzung von Subventionen wegen Verletzung von Cross-Compliance-Vorgaben im Bereich des Lebensmittelrechts nach „nationalem" Recht führt zu gewissen Problemen, weil es sich um eine originär unions-

---

49 So BT-Drs. 7/1685, S. 4.
50 So etwa *Wallau* LMuR 2018, 186 ff.; *Raffael/Wallau* ZLR 2019, 331 (334).
51 BR-Drs. 454/11, S. 33 f.
52 Vgl. auch BVerfGE 148, 40 (52) Rn. 32; *Dannecker/Dannecker* ZLR 2019, 175 (176); *Wollenschläger* VerwArch 102 (2011), 20 (25).
53 So überzeugend *C. Dannecker* JZ 2013, 924 (932); ferner *Dannecker/Dannecker* ZLR 2019, 175 (177).
54 *C. Dannecker* JZ 2013, 924 (928).
55 So *Dannecker/Dannecker* ZLR 2019, 175 (177).
56 BR-Drs. 418/16, S. 100, 104.

rechtliche Maßnahme handelt. Die Vorschriften, nach denen Agrarsubventionen bei Verstoß gegen Art. 14, 15, 17 VO (EG) Nr. 178/2002 zu kürzen sind, finden sich in Art. 91 ff. VO (EU) 1306/2013. Demnach muss hier mangels mitgliedstaatlicher Regelung das Kriterium „Einordnung nach nationalem Recht" durch „Einordnung nach Unionsrecht" ersetzt werden. Dabei spricht die Bezeichnung der Subventionskürzung in der Verordnung als Verwaltungssanktion zunächst dafür, dass es sich um eine Strafe im weiteren Sinne handeln könnte.

Doch betont der EuGH in der Rechtsprechung zur Sache *Bonda*[57], dass diese Verwaltungssanktionen nicht als Strafen verstanden werden dürfen, weil es sich um eine „spezifische Handhabe der Verwaltung" handele, die ein Bestandteil der Beihilferegelung sei und der Durchführung einer ordnungsgemäßen Verwaltung der finanziellen Mittel der Union diene. Das leuchtet für den Fall der Subventionskürzung ohne weiteres ein, weil die Vergabe der Subventionen an den einzelnen Unternehmer im Grunde davon abhängig sein soll, dass er die wirtschaftlich belastenden höheren Anforderungen an die Lebensmittelsicherheit in der Europäischen Union erfüllt. Die Subventionierung ist also eine Gegenleistung für die Einhaltung u. a. der Art. 14, 15, 17 VO (EG) 178/2002, so dass mit der Verletzung dieser Vorgaben auch der Grund für die Subventionierung (teilweise) wegfällt.[58]

b) Natur der Zuwiderhandlung und der Sanktionsandrohung

Diese Überlegungen machen deutlich, wie eng die innerstaatliche Einordnung und Bewertung einer Maßnahme mit materiellen Kriterien zusammenhängt und dass schon diese erste Kategorisierung als Strafe aufgrund mitgliedstaatlicher Bewertung ohne Rückgriff auf Sinn und Zweck der Sanktionsvorschrift und im Besonderen der Rechtsfolge bisweilen kaum gelingen kann. Der Blick auf das zweite Kriterium der „Natur der Zuwiderhandlung" nimmt diese Zweckrichtung von Ge- oder Verbotsnorm einerseits und Sanktion andererseits in den Blick.

Bei den klassischen Straf- und Ordnungswidrigkeitenvorschriften des LFGB und StGB, die im Lebensmittelrecht relevant werden, ist die Einordnung unproblematisch. Diese Strafgesetze dienen mit der Strafbewehrung bestimmter Vorschriften des Lebensmittelrechts dazu, die Allgemeinheit vor Schäden durch unsichere Lebensmittel oder vor Desinformation zu schützen. Es handelt sich um besonders wichtige Interessen der Allgemeinheit, die typischerweise mit strafrechtlichen Maßnahmen durchgesetzt werden. Hier steht die

---

[57] EuGH v. 5.6.2012 – C-489/10.
[58] *Bruhn/Bülte* ZIS 2019, 517 ff.

Sanktionsdrohung für den Fall der Verletzung des Lebensmittelrechts durch Unternehmer im Zentrum der Betrachtung. Dabei kann auch der zweite Aspekt zur Ergänzung des Bildes direkt herangezogen werden: Die Strafdrohung dient damit u. a. der Generalprävention in Form der Abschreckung und die Verhängung der Strafe hat im Verständnis der überwiegenden Ansicht im deutschen Strafrecht auch Vergeltungswirkung.[59] Das gilt für die echten Kriminalstrafen nach dem StGB ebenso wie für Geldbußen – wenn diese auch nicht mit einem sozial-ethischen Tadel einhergehen[60] – und für die Nebenstrafen wie Tätigkeitsverbote oder Einziehung von Gegenständen, die bei Straftaten verwendet wurden.

Auch wenn andere Maßnahmen, die im Lebensmittelrecht verhängt werden, tatsächlich ähnliche Wirkungen haben mögen – das wird bei dem Kriterium „Schwere der Sanktion" berücksichtigt – haben sie dennoch andere Zielrichtungen. Die Durchsetzung von Duldungs-, Mitwirkungs- und Offenbarungspflichten dienen weder der Abschreckung noch der Vergeltung. Sie sollen auch nicht unmittelbar dem Schutz der Allgemeinheit vor unsicheren Lebensmitteln oder Desinformation dienen – wenn die Lebensmittelüberwachung selbst natürlich diesem Zweck dient –, sondern zunächst und unmittelbar gewährleisten, dass die Exekutive ihrer Aufgabe nachkommen kann. Hier ist der Schutz der Allgemeinheit also mittelbarer und formalisierter, denn auch der Lebensmittelunternehmer, der alle lebensmittelrechtlichen Regelungen exakt einhält, hat diese Mitwirkungspflichten. Hier steht die allgemeine Prävention im Vordergrund, die typischerweise nicht an eine bereits begangene Rechtsverletzung, sondern an die abstrakte oder konkrete Gefahr einer Verletzung der Interessen der Allgemeinheit anknüpft. Das gilt im Ergebnis auch für Rückrufpflichten, die jeden Lebensmittelunternehmer unabhängig von einem etwaigen Verschulden treffen und ihn letztlich aus Gründen der Effektivität dazu verpflichten, eine drohende Gefahr durch unsichere Lebensmittel abzuwenden.

Anders erscheint die Ausgangslage bei Maßnahmen, die an eine bereits begangene ggf. sogar an eine sanktionsbewehrte Zuwiderhandlung gegen Lebensmittelrecht anknüpfen:

Zu dieser Kategorie gehört zunächst die Vermögensabschöpfung. Sie setzt eine rechtswidrige Tat (Straftat oder Ordnungswidrigkeit) voraus, soll aber nur mittelbar der öffentlichen Sicherheit und Ordnung dienen, indem dem Täter die Gewinne aus der vorangegangenen rechtswidrigen Tat entzogen werden und sich so zum einen „Straftaten nicht lohnen", dem Täter also die

---

59 So die herrschende Vereinigungstheorie BVerfG, Urtv. 5.2.2004 – 2 BvR 2029/01, BVerfGE 109, 133 (173 ff.); vgl. auch *Tiedemann* Verfassungsrecht und Strafrecht, 1991, S. 15 ff.; krit. *Kaspar* Verhältnismäßigkeit und Grundrechtsschutz im Präventionsstrafrecht, 2014, S. 116 ff.; 703 ff.
60 Vgl. insbesondere BVerfG v. 5.2.2004 – 2 BvR 2029/01, BVerfGE 109, 133 (167).

Motivation genommen wird und zum anderen die Mittel für weitere kriminelle Unternehmungen genommen werden.[61] Hier soll ein quasi-bereicherungsrechtlicher Mechanismus[62] die Begehung weiterer Straftaten verhindern, indem der weiteren kriminellen Tätigkeit die wirtschaftliche Basis entzogen wird. Es handelt sich hierbei von der Zielrichtung her um eine Präventionsmaßnahme, nicht um eine Strafe.

Die Veröffentlichung (möglicher) mit Geldbuße bedrohter Verstöße gegen Lebensmittelrecht könnte man in dieser Hinsicht als Strafe beurteilen, weil sie an eine Verfehlung anknüpft. Die Vorschriften, die diese Veröffentlichung anordnen, sollen zwar ausweislich der Gesetzesmaterialien[63] den Verbraucher vor Desinformation schützen und seinem Interesse an einer umfassenden und richtigen Information über die Marktteilnehmer dienen. Jedoch hängt dieser Anspruch auf Information von dem Verdacht eines sanktionsfähigen Verstoßes ab. Wollte man dem Verbraucher lediglich die Informationen zur Verfügung stellen, die er benötigt, um sich für einen möglichst informierten oder risikolosen Konsum von Lebensmitteln zu entscheiden, dann wäre es nicht erforderlich, die Veröffentlichung an einen möglichen zu verantwortenden Verstoß gegen Lebensmittelrecht zu binden. Es wäre ebenso plausibel lediglich auf die Qualität der Lebensmittel bzw. die Informationen über sie abzustellen.

Die Kopplung der Veröffentlichung an die mögliche rechtswidrige Tat spricht dafür, dass sie Rechtsfolge genau dieser Tat und damit eine Reaktion des Staates auf diesen Verstoß sein soll. Das könnte man als Indiz dafür ansehen, dass es sich eben nicht um eine (reine) Präventionsmaßnahme, sondern um eine rechtliche Folge des Verstoßes handelt, die zumindest auch eine Übelszufügung, mithin eine Maßnahme der Repression darstellt. Das ist fraglos kein zwingender Schluss, könnte man die Beschränkung auf den potentiellen bußgeldrechtlich relevanten Verstoß doch auch als Ausfluss der Verhältnismäßigkeit ansehen. Nur wenn der mögliche Verstoß so schwer wiegt, dass eine Geldbuße angemessen erschiene, überwiegen die Informationsinteressen des Bürgers das Geheimhaltungsinteresse des Unternehmers. Ferner könnte man argumentieren, dass die Maßnahme in einem Rechtsstaat nicht als Repression gemeint sein kann, weil sie bereits aufgrund eines Verdachts anzuordnen ist und es rechtsstaatlichen Standards nicht entspräche, wenn man repressive Maßnahmen auf ungesicherter Tatsachengrundlage, also auf den Verdacht hin verhänge.

---

61 BT-Drs. 18/11640, S. 75; BR-Drs. 418/16, S. 46 ff.; vgl. auch BVerfG Urt. v. 14.1.2004 – 2 BvR 564/95, BVerfGE 110, 1 (29).
62 Vgl. BR-Drs. 418/16, S. 58 ff; vgl. LG Stuttgart Beschl. v. 5.8.2020 – 11 Kls 176 Js 42172/15, ZLR 2020, 808 (810 f.).
63 BT-Drs. 17/7374, S. 19; BVerfGE 148, 40 (42).

c) Gewicht der Maßnahme („*severity of the measure*")

Diese Argumentation fordert Kritik geradezu heraus, läge es doch in ihrer Konsequenz, die Unschuldsvermutung ad absurdum zu führen, wenn eine belastende Rechtsfolge keine Strafe wäre, nur weil sie auf unsicherer Tatsachenbasis angeordnet wird. Doch ist man sich einig, dass bei Prognoseentscheidungen im Verwaltungsrecht und Verwaltungsverfahren keine „Unschuldsvermutung" gilt. Die Unschuldsvermutung dient – abgesehen von eventuellen materiellen Wirkungen – nach der Rechtsprechung des Bundesverfassungsgerichts[64] unter anderem dazu, den Schuldgrundsatz verfahrensrechtlich abzusichern. Wo der Schuldgrundsatz nicht gilt, weil keine sozialethischen Vorwürfe oder sonstigen – mangels mitgliedstaatlicher Regelung – wertenden Beurteilungen erfolgen sollen,[65] sondern Effektivität und vor allem Verhältnismäßigkeit die Eingriffe in Grundrechte zum Zwecke der Gefahrenabwehr beschränken, kann auch keine Unschuldsvermutung greifen. Verwaltungsrechtliche Maßnahmen basieren oftmals auf Unsicherheit, weil sie Prognoseentscheidungen voraussetzen; dennoch können sie zulässig sein.[66]

Die Frage der Rechtmäßigkeit hängt dann von der Verhältnismäßigkeit der Maßnahme ab, von der Intensität der drohenden Gefahr, ihrem Schadensausmaß, von der Wahrscheinlichkeit, von den Möglichkeiten effektiver Beseitigung etc. und nicht zuletzt von der Eingriffstiefe. Bei dieser Beurteilung spielt das Gewicht der Rechtsfolge eine bedeutende Rolle, wenn sie auch nicht stets die entscheidende Kategorie darstellt. Das wird deutlich, wenn man sich vor Augen führt, dass die tödliche Notwehr oder der lebensgefährliche Schusswaffengebrauch durch einen Polizeibeamten schwerste Auswirkungen auf den Angreifer bzw. Betroffenen haben und dennoch nicht als Strafen angesehen werden.

Die Rechtsprechung des EGMR macht deutlich, dass die Freiheitsentziehung als Sanktion grundsätzlich als Strafe im engeren Sinne anzusehen ist, weil sie mit dem Verlust der persönlichen Fortbewegungsfreiheit zu der wohl gravierendsten persönlichen Einschränkung führt, die in einem Rechtsstaat denkbar ist. Das gilt für die im LFGB angedrohten Freiheitsstrafen, ebenso aber für die dortigen Geldstrafen. Auch wenn diese nicht in jedem Einzelfall zwingend von erheblichem Gewicht sein mögen, drohen §§ 58, 59 LFGB über § 40 Abs. 1 StGB doch im Höchstfall eine Geldstrafe von bis zu 360 Tagessätzen á 30.000

---

64 Grundlegend hierzu BVerfG Beschl. v. 26.3.1987 – 2 BvR 589/79 u. a. BVerfGE 74, 358 (370f.).
65 Vgl. Tiedemann (Fn. 58), S. 18f.
66 *Tiedemann* (Fn. 58), S. 19 geht davon aus, dass eine Presseveröffentlichung als „Nebenfolge" einer Unternehmensgeldbuße eine strafähnliche Sanktion sei, weil sie eine Verstärkung des Vorwurfs aus dem Urteil bedeutet. Dieser Vorwurf fehlt aber bei einer nur möglichen Verurteilung.

Euro an und die Verhängung enthält den sozialethischen Tadel eine Handlung begangen zu haben, die als sozialschädlich und nicht mehr tolerabel anzusehen ist. In abgemilderter Form gilt das auch für die Geldbuße nach § 60 LFGB i. V. m. § 17 OWiG – die hier selbst im mindesten Fall noch bis zu 10.000 Euro betragen kann (§ 60 Abs. 5 Nr. 3 LFGB i. V. m. § 17 Abs. 2 OWiG) – und wenn auch nicht mit einem sozialethischen Tadel, mit dem „Ernst der staatlichen Strafe", so doch mit einer nachdrücklichen Pflichtenmahnung des Staates gegenüber seinem Bürger verbunden ist[67] und den Schuldvorwurf individualisiert.[68]

Diese Überlegungen machen deutlich, dass es bei der Kategorisierung einer solchen Sanktion nicht nur auf die unmittelbar materiell spürbaren Konsequenzen wie den Entzug von Freiheit oder Geldmitteln ankommt, sondern auch auf die immateriellen Folgen wie etwa den Schuldspruch bzw. den Vorwurf im Bußgeldbescheid oder Bußgeldurteil. Wollte man diese immateriellen Folgen nicht berücksichtigen, so würde das Gewicht von wirtschaftlich spürbaren Maßnahmen stets nur an der Höhe der Sanktion gemessen. Das würde wiederum dazu führen, dass Wettbewerbsnachteile durch einen Imageschaden bei Rückrufpflichten oder Veröffentlichungen sowie der Ausschluss von öffentlichen Aufträgen, Vermögensabschöpfungen, Subventionskürzungen oder der Verlust von Konzessionen durch Eintragungen im Gewerberegister vielfach als faktisch deutlich schwerwiegendere Sanktion anzusehen wären als eine Geldbuße.

Daher muss das Gewicht der Sanktion ebenfalls in einer Gesamtbewertung ermittelt werden, die mitberücksichtigt, inwieweit in der Anordnung der Maßnahme auch ein Urteil über die Person oder den Verband zu sehen ist. Damit wird deutlich, inwieweit auch die Schwere der Sanktion mit der Zielrichtung der Maßnahme zusammenhängt. Repressive Sanktionen als Reaktion auf ein Fehlverhalten beinhalten ein negatives Urteil über die Verhaltensweise, die den Gegenstand des Verfahrens und der Beurteilung bildet. Das bedeutet, dass eine schwere Sanktion im Sinne einer Strafe nur dann vorliegen kann, wenn ihre Verhängung mit einem negativen Werturteil über ein vorwerfbares Verhalten verbunden ist.

Das ist bei der Veröffentlichung eines Verstoßes nach § 40 Abs. 1a LFGB trotz des unbestreitbaren Gewichts der Auswirkungen der Maßnahme – die bis zu einem existenzbedrohenden Boykott des Unternehmens reichen können, wenn man etwa an kleine Restaurants denkt – nicht der Fall. Die Maßnahme der Veröffentlichung möglicher Verstöße soll keine repressiven Zwecke erfüllen, sondern zur Information des Bürgers beitragen und diesem ermöglichen,

---

67 BVerfG v. 16.07.1969 – 2 BvI 2/69, BVerfGE 27, 18 (33).
68 So *Tiedemann* (Fn. 58), S. 18.

seine Konsumentscheidungen daran auszurichten, inwieweit sich der Unternehmer an die Vorgaben des Lebensmittelrechts hält. Aus diesem Grund ist auch die Verwendung des Begriffs „Lebensmittelpranger" für diese Art der Veröffentlichung potenzieller Zuwiderhandlungen eher verzerrend. Der mittelalterliche Pranger war eine Strafe, die auf die soziale Missachtung eines Menschen ausgerichtet war und letztlich seiner Ausstoßung aus der Gesellschaft diente.[69] Dies mit der Veröffentlichung von möglichen Verstößen gegen Lebensmittelrecht zu vergleichen wird der Unmenschlichkeit des Prangers kaum gerecht und dürfte eine unangemessene Verharmlosung sein.

III. Folgen der Kategorisierung

Das soll jedoch nicht bedeuten, dass die zwingende öffentliche Bekanntmachung des Namens einer natürlichen oder juristischen Person, der eine Ordnungswidrigkeit vorgeworfen wird, in der Sache richtig oder verfassungsrechtlich zulässig wäre. Die Kategorisierung einer Maßnahme als Strafe, Sanktion oder sonstige Maßnahme steckt lediglich den Rahmen der Zulässigkeit der Anordnung solcher Rechtsfolgen ab. Während für Strafen und Strafverfahren der spezifische Bestimmtheitsgrundsatz des Strafverfassungsrechts, der Schuldgrundsatz und die Grundsätze nemo tenetur und in dubio pro reo gelten, sind auf andere Sanktionen der allgemeine verfassungsrechtliche Verhältnismäßigkeitsgrundsatz und der allgemeine Bestimmtheitsgrundsatz als Ausfluss des Gesetzesvorbehalts anwendbar.

Die Konsequenzen dieser Kategorisierung sollen im Folgenden an zwei Beispielen verdeutlicht werden, in denen eine Reihe von Maßnahmen verhängt werden können, für deren Anordnung in unterschiedlichen Verfahren differenzierte Grundrechtsgarantien und Verfahrensrechte gelten.

1. Subventionskürzungen

Agrarunternehmer A verkauft ein aus unbekannten Gründen verstorbenes Schwein einem anderen Unternehmer als „notgeschlachtet" zur Weiterverarbeitung (vgl. OLG Düsseldorf LMRR 1983, 39).

In diesem Fall kommt zunächst die Verhängung einer Freiheits- oder Geldstrafe in Betracht, weil A hier einen Verstoß gegen § 11 Abs. 2 Nr. 1 LFGB begangen hat, indem er ein unsicheres Lebensmittel in den Verkehr bringt.

---

69 Vgl. *Dülmen* Theater des Schreckens, 1985, S. 65 ff.; *Lidmann* Zum Spektakel und Abscheu, Schand- und Ehrenstrafen als Mittel öffentlicher Disziplinierung in München um 1600, 2008, S. 186 ff.: *Schild* Folter, Pranger, Scheiterhaufen – Rechtsprechung im Mittelalter, 2010, S. 180 ff; krit. auch *Zott* Aktive Informationen des Staates im Internet, 2016, 105 ff.

Das Fleisch eines aus unbekannten Gründen verstorbenen Schweins ist zum Verzehr durch den Menschen ungeeignet, weil der Verbraucher Lebensmittel, die aus diesem Tier hergestellt worden sind, nicht kaufen und verzehren würde, wenn er wüsste, unter welchen Bedingungen sie gewonnen oder weiterverarbeitet wurden (sog. Ekelfall).[70] Zudem sind Gegenstände, die für die Begehung der Tat verwendet wurden, nach § 61 LFGB i. V. m. §§ 74 ff. StGB einzuziehen. Dabei könnte man etwa an zum Transport des toten Tieres verwendete Fahrzeuge denken. Auch hierbei handelt es sich um eine Strafe, eine sogenannte Nebenstrafe.[71]

Aus dem Strafcharakter von Freiheits-, Geld- und Einziehungsstrafe folgt, dass für die Festlegung im Gesetz das strenge Gesetzlichkeitsprinzip aus Art. 103 Abs. 2 GG und Art. 49 EU-Grundrechtcharta ebenso gelten, wie der Schuldgrundsatz oder das Milderungsgebot. Im Verfahren gelten die verfassungsrechtlichen und menschenrechtlichen Garantien für das Strafverfahren wie der Zweifelsgrundsatz oder die Freiheit von Selbstbelastung, das Recht zur effektiven Verteidigung und das Doppelbestrafungsverbot.

Für das tote Tier gilt ebenso wie für die aus dem Körper hergestellten Lebensmittel ein Verkehrsverbot nach § 11 Abs. 2 Nr. 1 LFGB. Hierbei handelt es sich jedoch nicht um eine Strafe, sondern um eine Maßnahme der Gefahrenabwehr. Der Verbraucher soll davor geschützt werden aus Unkenntnis Lebensmittel zu kaufen und zu konsumieren, die von der Allgemeinheit als zum Verzehr ungeeignet angesehen werden. Diese Maßnahmen werden im Verwaltungsverfahren verhängt, für das nicht die strengen Vorgaben des deutschen Verfassungsrechts, der europäischen Grundrechte und der Menschenrechte für materielles Strafrecht und Strafverfahrensrecht gelten. Dennoch sind der Vorbehalt des Gesetzes und das Gebot der Bestimmtheit, der Normklarheit als Ausfluss eines europäischen Rechtsstaatsprinzips ebenso zu beachten, wie das Recht auf rechtliches Gehör, den gesetzlichen Richter und nicht zuletzt der Grundsatz der Verhältnismäßigkeit. Eine Maßnahme der Gefahrenabwehr ist daher insbesondere nur soweit zulässig, wie der mit ihr verbundene Grundrechtseingriff gesetzlich vorgesehen, erforderlich und im Verhältnis zu dem durch die rechtliche Regelung zu erreichenden Zweck zumutbar ist.

Das gilt auch für die Kürzung von Agrarsubventionen, die hiernach Art. 91 ff. VO (EU) Nr. 1306/2013 zwingende Folge eines Verstoßes gegen den Grundsatz der Betriebsführung GAB 4, Anhang II VO (EU) Nr. 1306/2013 zur Rückverfolgbarkeit von Lebensmitteln durch einen Agrarunternehmer ist.

---

70 Vgl. *Gorny* in Behr´s-Kommentar zum Lebensmittelrecht, 36. Akt. 7/2015, § 11 LFGB, Rn. 91 ff.
71 Vgl. *Dannecker/Bülte* in Behr´s-Kommentar zum Lebensmittelrecht, 62. Akt. 10/2019, § 61 LFGB, Rn. 11 ff.

Nach der Judikatur des EuGHs in Sachen *Bonda*[72] handelt es sich hierbei um eine Verwaltungssanktion, die im Rahmen eines nationalen Verwaltungsverfahrens zu verhängen ist. In einem solchen Verfahren sind also insbesondere weder die Unschuldsvermutung oder nemo tenetur anwendbar, noch sperrt die Kürzung einer Subvention auf diesem Wege eine anderweitige Bestrafung wegen Verstößen gegen das Lebensmittelrecht. Es gelten dagegen aber selbstverständlich die Grundsätze des Vorbehalts des Gesetzes und der Verhältnismäßigkeit. Insbesondere dieser kann strengere Anforderungen an die sonstige Sanktion stellen als der strafrechtliche Schuldgrundsatz, bei dessen Prüfung nicht verlangt wird, dass die Abgeltungs- oder Abschreckungswirkung auch realistisch erreicht werden kann, während ein nicht erreichbarer Zweck im Rahmen einer allgemeinen Verhältnismäßigkeitsprüfung zur Unverhältnismäßigkeit der Maßnahme führen würde.

Hinzu kommt hier die Einziehung der erzielten Erlöse durch den Verkauf des Schweins nach §§ 73 ff. StGB. Dabei handelt es sich – wie dargestellt – um eine quasi-bereicherungsrechtliche Maßnahme, nicht um eine Strafe.

2. Veröffentlichung möglicher Zuwiderhandlungen

Lebensmittelunternehmer A wirbt mit der Angabe „10 % weniger Zucker", obwohl sein Produkt nicht weniger Zucker enthält als ein vergleichbares Produkt anderer Hersteller oder das Vorgängerprodukt. Die fehlerhaften Angaben basieren auf vermeidbaren Messfehlern und werden in zwei Untersuchungen bestätigt.

In diesem Fall liegt ein Verstoß gegen Art. 7 Abs. 1 lit. a LMIV und gegen § 11 Abs. 1 Nr. 1 LFGB, also eine bußgeldrechtlich relevante Zuwiderhandlung vor. Weil der Verstoß nicht vorsätzlich begangen wurde, ist § 60 Abs. 1 Nr. 1 LFGB und nicht § 59 LFGB anzuwenden. Die Verhängung eines Bußgeldes ist eine Strafe im engeren Sinne, so dass Art. 103 Abs. 2 GG ebenso gilt wie alle anderen strafverfassungsrechtlichen Garantien, auch wenn noch nicht abschließend geklärt ist, ob hier die Vorgaben des Bestimmtheitsgrundsatzes in derselben Schärfe gelten wie im Kriminalstrafrecht.[73] Das Bußgeldverfahren ist zwar kein Strafverfahren und macht gewisse Konzessionen, was die Verhängung der Strafe (durch die Behörde) und was bestimmte Verfahrensrechte angeht, etwa bei der Anwesenheit des Betroffenen vor Gericht oder bei Beweisanträgen. Grundsätzlich gelten aber auch hier die Verfahrensgarantien des Strafverfahrens wie der Zweifelsgrundsatz oder die Selbstbelastungsfreiheit.[74]

---

[72] Vgl. nur EuGH v. 5.6.2012 – C-489/10 (*Bonda*) Rn 28 ff., EuZW 2012, 543 (544).
[73] Vgl. BVerfG, Beschl. v. 21.9.2016 – 2 BvL 1/15, BVerfGE 143, 38 (61); eingehend *Bülte* NZV 2020, 12 ff.
[74] *Bülte* Ordnungswidrigkeitenrecht, 6. Aufl. 2020, § 3 Rn. 59 ff.

Auf den hier als Beispiel gewählten Fall der fahrlässigen Falschbezeichnung eines Lebensmittels könnte § 40 Abs. 1a Nr. LFGB grundsätzlich anwendbar sein: Es liegt ein Verstoß gegen eine Vorschrift des LFGB vor, die dem Schutz der Verbraucher vor Täuschung dient. Zudem ist die Verhängung einer Geldbuße von mindestens 350 € durchaus realistisch, wenn auch hier jeder Einzelfall zu bewerten ist und allgemeine Aussagen schwierig sind. Geklärt werden müsste hier nur noch, ob es sich um einen Verstoß in nicht nur unerheblichem Ausmaß handelt.[75] Dieser unbestimmte Rechtsbegriff ist auslegungsbedürftig und nur im Kontext von Sinn, Zweck und Systematik der Gesamtregelung zu verstehen.

Man kann die Veröffentlichung der möglichen Zuwiderhandlung als Sanktion im weiteren Sinne betrachten. Denn sie dient auch dazu, den Lebensmittelunternehmer zur Einhaltung des Lebensmittelrechts zu bewegen, vorrangig soll sie aber dem Verbraucher eine eigenverantwortliche Konsumentscheidung ermöglichen und damit zumindest mittelbar der Abwehr der Gefahr von Täuschungen dienen. Auch wenn die Veröffentlichung also de facto abschreckende Wirkung haben mag und insofern als Strafe wirken kann, ist die Zielrichtung dieser Maßnahme eine andere: Sie soll die Vertragsfreiheit des Verbrauchers schützen und seine hinreichende Information über Lebensmittel sichern. Es handelt sich also nicht um eine Strafe im engeren Sinne, so dass Art. 103 Abs. 2 GG, nemo tenetur, Unschuldsvermutung, ne bis in idem etc. nicht gelten.

Dennoch hat die Eingriffsmaßnahme der Veröffentlichung Sanktionswirkung. Der Charakter als staatliche Eingriffsmaßnahme führt dazu, dass zwar nicht die verfassungsrechtlichen Garantien für Strafrecht und Strafverfahren gelten, so doch die verfassungsrechtlichen und allgemein rechtsstaatlichen – und damit auch unionsrechtlich anerkannten – Vorgaben für alle Verwaltungsverfahren zu beachten sind. Dies gilt etwa für den Vorbehalt des Gesetzes einschließlich des Wesentlichkeitsgrundsatzes, das Recht auf rechtliches Gehör und effektiven Rechtsschutz, ein faires Verfahren und mit besonderer Bedeutung für die angeordnete Maßnahme: der Verhältnismäßigkeitsgrundsatz.

Letzteres bedeutet, dass bereits bei der Auslegung des Begriffs des Verstoßes „in nicht nur unerheblichem Ausmaß", dann aber auch bei der Art und Weise der Veröffentlichung und ihrer Dauer der Grundsatz der Verhältnismäßigkeit zu wahren ist. Weil es sich eben nicht um eine Strafe handelt, sondern um eine der Verbraucherinformation dienenden Maßnahme, sind die Mittel zur Erreichung dieses Informationsziels so zu wählen, dass sie den Unternehmer möglichst wenig belasten. Die Veröffentlichung darf nicht als Instrument der Vergeltung und Abschreckung missbraucht werden. Wenn der Staat die Maß-

---

75 Hierzu *Dannecker/Dannecker* ZLR 2019, 175 (182 f.).

nahme ausdrücklich nicht als Strafe ausflaggt, darf bei der Verhängung und Durchführung der Maßnahme nicht mit Strafzwecken oder mit Verschulden argumentiert werden, zumal es um eine Maßnahme geht, die aufgrund eines Verdachts angeordnet wird. Im Rahmen der Verhältnismäßigkeitserwägung ist zu beachten, dass eine Veröffentlichung einer Information über einen möglichen Verstoß beinahe jede Reaktion der Öffentlichkeit von der völligen Nichtbeachtung bis zu einem „Sturm der Entrüstung" verursachen kann. Die Folgen der Veröffentlichung sind also in hohem Maße ungewiss.

Für die Veröffentlichung gilt, dass sie wahr und fair sein muss.[76] Eine unsichere Tatsachenlage muss soweit wie möglich vermieden, ggf. aber entsprechend dargestellt werden; es dürfen keine Warnungen vor Gefahren erfolgen, die nicht realistisch oder bereits beseitigt sind.[77] Über die Beseitigung von Missständen muss ebenfalls eine Information erfolgen. Die Informationsmaßnahmen müssen ferner überhaupt noch wirksam sein können, um den Zweck zu erreichen. Wenn die zu erwartenden Nachteile für den Unternehmer das Interesse des Verbrauchers an der effektiven Information übersteigen, sind Veröffentlichungen zu unterlassen. Das Argument, der Unternehmer habe die Situation selbst verschuldet, kann nur greifen, wenn dieses „Verschulden" mit der gebotenen Sicherheit festgestellt ist. Dafür reicht ein begründeter Verdacht nicht aus, es bedarf einer von vernünftigen Zweifeln freien Überzeugung.

IV. Sanktionscharakter und Verhältnismäßigkeitsgrundsatz

Die Anordnung von Maßnahmen im Kontext des Lebensmittelrechts, seien es Freiheits- oder Geldstrafen, Verkehrsverbote oder Abschöpfungsmaßnahmen, Subventionskürzungen oder Veröffentlichung von Zuwiderhandlungen stellt sich als Durchführung von Unionsrecht im Sinne der Rechtsprechung des EuGHs dar. Daraus folgt, dass bei der Anwendung des Lebensmittelrechts in all diesen Varianten das Recht unionsrechtskonform auszulegen, die europäischen Grundrechte zu wahren und der Anwendungsvorrang des Unionsrechts zu beachten ist.

Insbesondere der europäische Grundrechtsschutz hat bei den materiellen Anforderungen der genannten Maßnahmen und für die Garantien in Verfahren zur Verhängung der Maßnahmen grundlegende Bedeutung. Die Beurteilung, ob es sich bei einer Sanktion oder sonstigen Maßnahme um eine Strafe im menschenrechtlichen und damit auch unionsrechtlichen Sinne handelt, gibt

---

[76] Vgl. auch *Dannecker/Dannecker* ZLR 2019, 175 (179).
[77] Vgl. auch Beschl. v. 21.3.2018 – 1 BvF 1/13, BVerfGE 148, 40 (56) Rn. 44.

diese Verfahrensrechte vor. Die für staatliche Eingriffsmaßnahmen geltenden Grundrechte und Verfahrensgarantien sind also durch Zuordnung zu den Kategorien Strafe einerseits oder Sanktion oder sonstige Maßnahme andererseits zu ermitteln. Die Einordnung einer Maßnahme als Strafe nach innerstaatlichem Recht hat hier lediglich Indizwirkung.

Es kommt vielmehr sowohl auf materielle als auch normative Faktoren und auf die Zielrichtung der Maßnahme an. Maßgeblich sind dabei im Wesentlichen die bereits in den 1970er Jahren vom EGMR entwickelten *Engel*-Kriterien: innerstaatliche Beurteilung, Art der Zuwiderhandlung und der Sanktion und das Gewicht der Rechtsfolge. An diesen Kriterien sind die unmittelbaren und mittelbaren Wirkungen einer lebensmittelrechtlichen Maßnahme zu messen.

Die Kategorisierung als Strafe oder sonstige Maßnahme gibt aber nur den Rahmen und die Grundsätze vor. Sie entscheidet nicht darüber, ob eine konkrete Maßnahme zulässig ist oder nicht. Eine Maßnahme wie die Veröffentlichung nach § 40 Abs. 1a Nr. 3 LFGB wäre per se unzulässig, wenn sie als Strafe verstanden würde, weil sie eine Verdachtsstrafe darstellte. Wird sie dagegen als Gefahrenabwehrmaßnahme verstanden, so kann sie zulässig sein.[78] Jedoch darf sie dann nicht dem Grunde oder in der konkreten Art ihrer Ausgestaltung nach mit Argumenten begründet werden, die nur für die Strafe gelten können.

Es dürfte hier also nicht argumentiert werden, dass bestimmte Wirkungen der Veröffentlichung verhältnismäßig, insbesondere zumutbar seien, weil der Unternehmer eine Zuwiderhandlung begangen hat, wenn es sich um eine Maßnahme handelt, die aufgrund eines Verdachts angeordnet wird. Die Begründung für einschneidende Eingriffe in unternehmerische Rechte durch eine Veröffentlichung zu Zwecken der Gefahrenabwehr wäre ausgesprochen bedenklich, wenn man die konkrete Maßnahme mit der besonderen Abschreckungswirkung begründen wollte. Denn die Abschreckung ist ein Charakteristikum der Strafe. Auch wenn nicht als Strafe zu qualifizierende Maßnahmen ohne Zweifel abschreckende Wirkung haben können, zeichnet sich vornehmlich die Strafe durch diese Zielrichtung aus.

Damit hat die Einordnung einer Maßnahme als Sanktion und anstelle einer Strafe nicht nur die Wirkung, dass im Verfahren weder Doppelverfolgungsverbot noch Unschuldsvermutung oder Selbstbelastungsfreiheit beachtet werden müssen, sondern auch, dass in der Begründung der Verhältnismäßigkeit der Sanktion nicht mit Strafzwecken argumentiert werden darf. Hierzu hat *Christoph Dannecker* treffend konstatiert: *„Ist eine Maßnahme keine Sanktion, weil nicht repressive, sondern präventive Transparenzzwecke verfolgt werden, so muss*

---

78 *Dannecker/Dannecker* ZLR 2019, 175 (177).

sich der Grundrechtseingriff gerade aus diesem legitimen Transparenzzweck rechtfertigen."[79]

---

79 *C. Dannecker* JZ 2013, 924 (925).

VIG als Massenverfahren – „Topf Secret"

Dr. Bernhard Mühlbauer, München*

I. Wie funktioniert „Topf Secret"?

Am 14. Januar 2019 starteten die Organisationen foodwatch und FragDenStaat ihre Plattform „Topf Secret". Damit wurde den Verbraucherinnen und Verbrauchern eine einfache und komfortable Möglichkeit zur Verfügung gestellt, die Herausgabe von amtlichen Kontrollberichten über Restaurants nach dem Verbraucherinformationsgesetz bei der jeweils zuständigen Behörde zu beantragen.

Die Plattform „Topf Secret" – erreichbar unter https://fragdenstaat.de/kampagnen/lebensmittelkontrolle/app/ – ermöglicht auf ihrer Startseite die Auswahl des gewünschten Restaurants anhand einer Karte mit Suchleiste. So können Verbraucher auf den ersten Blick erkennen, ob zu dem gewünschten Lebensmittelunternehmen bereits eine Anfrage gestellt wurde, eine gestellte Anfrage bereits beantwortet oder abgelehnt wurde oder ob eine Anfrage noch gestellt werden kann.

Entscheidet man sich dafür, einen Kontrollbericht für ein bestimmtes Restaurant anzufragen, so öffnet sich auf der Folgeseite ein vorformulierter Antrag nach dem Verbraucherinformationsgesetz. Dieser Antrag ist bereits an die für die amtliche Lebensmittelüberwachung des bestimmten Restaurants zuständige Überwachungsbehörde adressiert. Der Antrag selbst enthält folgenden Wortlaut (Stand: 17.10.2019):

> *Antrag nach dem Verbraucherinformationsgesetz*
>
> *Sehr geehrte Damen und Herren,*
>
> *ich beantrage die Herausgabe folgender Informationen:*
>
> *1. Wann haben die beiden letzten lebensmittelrechtlichen Betriebsüberprüfungen im folgenden Betrieb stattgefunden:*
>
> *[Name und Anschrift des Betriebs]*
>
> *2. Kam es hierbei zu Beanstandungen? Falls ja, beantrage ich hiermit die Herausgabe des entsprechenden Kontrollberichts an mich.*

---

* **Dr. Bernhard Mühlbauer** ist Leiter des Referats 42 im Bayerischen Staatsministerium für Umwelt und Verbraucherschutz.

Ich stütze meinen Antrag auf Informationszugang auf § 1 des Gesetzes zur Verbesserung der gesundheitsbezogenen Verbraucherinformation (Verbraucherinformationsgesetz – VIG). Bei den von mir begehrten Informationen handelt es sich um solche nach § 2 Abs. 1 VIG.

Ausschluss- und Beschränkungsgründe bestehen aus diesseitiger Sicht nicht. Sollten dem Informationsanspruch dennoch Hinderungsgründe entgegenstehen, bitte ich Sie, mir diese unverzüglich mit Rechtsgründen mitzuteilen. Ich bitte darum, personenbezogene Daten von Behörden- oder Betriebspersonal (wie Namen und Unterschriften) in den Dokumenten vor Übermittlung zu schwärzen.

Unter „Beanstandungen" verstehe ich unzulässige Abweichungen von den Anforderungen des Lebensmittel- und Futtermittelgesetzbuches (LFBG) oder anderen geltenden Hygienevorschriften. Sollte es zu einer oder mehreren solchen Beanstandungen gekommen sein, beantrage ich die Herausgabe des entsprechenden, vollständigen Kontrollberichts – unabhängig davon, wie Ihre Behörde die Beanstandungen eingestuft hat (bspw. als „geringfügig" oder „schwerwiegend").

Meines Erachtens handelt es sich nach § 7 Abs. 1 VIG auch um eine gebührenfreie Auskunft. Sollte die Auskunftserteilung Ihres Erachtens gebührenpflichtig sein, bitte ich Sie, mir dies vorab mitzuteilen und dabei die Höhe der Kosten anzugeben.

Mit Verweis auf § 4 Abs. 2 VIG bitte ich Sie, mir die erbetenen Informationen unverzüglich, spätestens nach Ablauf eines Monats zugänglich zu machen. Ich bitte um eine Antwort in elektronischer Form (E-Mail). Sollten Sie nicht zuständig sein, leiten Sie meine Anfrage bitte an die zuständige Behörde weiter. Ich weise Sie daraufhin, dass eine Weitergabe meiner personenbezogenen Daten an Dritte im Sinne von § 5 Abs. 2 S. 4 VIG nur dann zulässig ist, wenn betroffene Dritte ausdrücklich nach einer Offenlegung fragen. In diesem Fall erkläre ich mich mit der Datenweitergabe einverstanden und bitte um Weiterbearbeitung des Antrags.

Ich bitte um Empfangsbestätigung und danke Ihnen für Ihre Mühe!

Mit freundlichen Grüßen

Nach Eingabe persönlicher Daten (Vor- und Nachname, Adresse und E-Mail-Adresse) und dem Akzeptieren von Nutzungs- und Datenschutzbedingungen kann man den vorformulierten Antrag an die für die Bearbeitung zuständige Behörde absenden.

II. Wie läuft ein Verfahren nach dem Verbraucherinformationsgesetz?

Die jeweilige Behörde prüft in einem ersten Schritt, ob der gestellte Antrag hinreichend bestimmt ist, §4 Abs.1 Satz 2 VIG. Sodann prüft sie, ob ein Anspruch auf Zugang zu den beantragten Informationen nach §2 Abs.1 Satz 1 VIG grundsätzlich gegeben ist. Wenn dies der Fall ist, wird in einem weiteren Schritt das Bestehen von Ausschluss- und Beschränkungsgründen nach §3 VIG geprüft, die einer Informationsgewährung entgegenstehen könnten. Kommt die Behörde nach diesen Schritten zu dem Ergebnis, dass der Anspruch auf Informationserteilung grundsätzlich besteht, hört sie den Dritten an, §5 Abs.1 VIG. Im Anschluss an die Anhörung entscheidet die Behörde über den Antrag mittels Bescheid innerhalb einer Frist von zwei Monaten, §5 Abs.2 Satz 2 VIG. Vor einer Informationserteilung ist dem betroffenen Dritten ein ausreichender Zeitraum zur Einlegung von Rechtsbehelfen einzuräumen, §5 Abs.4 Satz 2 VIG. Sofern Rechtsmittel erfolglos bleiben, gewährt die Behörde die beantragte Information; dies erfolgt grundsätzlich in der beantragten Form, §6 Abs.1 Satz 2 VIG.

III. Privilegierung von Informationen über festgestellte nicht zulässige Abweichungen

Informationen über festgestellte nicht zulässige Abweichungen nach §2 Abs.1 Satz 1 Nr.1 VIG werden an mehreren Stellen des VIG gegenüber den sonstigen Informationen des §2 Abs.1 Satz 1 privilegiert. So hindern laufende Verfahren wie Bußgeldverfahren, strafrechtliche Ermittlungsverfahren oder Gerichtsverfahren die Herausgabe nicht, §3 Satz 1 Nr.1b) VIG. Dem von der Informationsgewährung betroffenen Dritten ist es zudem nicht möglich, sich darauf zu berufen, die Informationen über nicht zulässige Abweichungen in seinem Betrieb seien Betriebs- und Geschäftsgeheimnisse, §3 Satz 5 Nr.1 VIG. Ferner haben Widerspruch und Anfechtungsklage des betroffenen Dritten gegen den dem Informationsbegehren stattgebenden Bescheid der Behörde keine aufschiebende Wirkung, §5 Abs.4 Satz 1 VIG. Schließlich werden Anträge nach dem VIG, die auf die Herausgabe von Informationen über nicht zulässige Abweichungen gerichtet sind, bis zu einem Verwaltungsaufwand von 1.000 Euro kostenfrei bearbeitet, während bei den übrigen Informationen lediglich eine Kostenfreiheitsgrenze von 250 Euro gilt, §7 Abs.1 Satz 2 VIG.

IV. Die verschiedenen Transparenznormen im Vergleich

Die behördliche Warnung vor gesundheitsgefährdenden Lebensmitteln nach Art. 10 VO (EG) Nr. 178/2002, § 40 Abs. 1 Satz 1 LFGB ist eine aktive staatliche Information, die nach einer möglichen Anhörung direkt und ohne weiteren Zwischenschritt durch den Realakt der Information selbst realisiert wird. Der betroffene Unternehmer muss sich gegebenenfalls im Wege eines Antrags nach § 123 VwGO zur Wehr setzen.

Die behördliche Information der Öffentlichkeit nach § 40 Abs. 1a LFGB ist ebenfalls eine aktive staatliche Information, die ebenso wie die Warnung vor gesundheitsgefährdenden Lebensmitteln direkt und ohne weiteren Zwischenschritt durch den Realakt der Information selbst erfolgt. Auch hier steht dem betroffenen Unternehmer das Rechtsmittel des § 123 VwGO zur Verfügung.

Die Informationsgewährung nach VIG ist hingegen eine antragsbasierte Informationserteilung (von der Möglichkeit zur aktiven Information der Öffentlichkeit nach § 6 Abs. 1 Satz 3 VIG abgesehen). Nach einer möglichen Anhörung erlässt die Behörde gegenüber dem Antragsteller einen Bescheid, mit dem dem Informationsbegehren stattgegeben oder dieses abgelehnt wird. Die behördliche Entscheidung wird dem Dritten gegenüber bekannt gegeben. Dieser kann sich im Fall von Informationen nach § 2 Abs. 1 Nr. 1 VIG aufgrund des gesetzlichen Sofortvollzugs nach § 5 Abs. 4 Satz 1 VIG mit dem Rechtsmittel des Antrags auf Anordnung der aufschiebenden Wirkung des Widerspruchs oder der Klage gemäß §§ 80a Abs. 3 Satz 2, 80 Abs. 5 Satz 1 Alt. 1, Abs. 2 Satz 1 Nr. 3 VwGO sowie der Anfechtungsklage gegen den behördlichen Bescheid zur Wehr setzen.

V. Entwicklung der Antragszahlen in Bayern

Das VIG wurde im Jahr 2007 geschaffen. Seitdem fristete das darin vorgesehene antragsbasierte Auskunftsverfahren ein Schattendasein. Im Jahr 2017 gab es bayernweit insgesamt 61 Anträge nach VIG, im Jahr 2018 waren es 91 Anträge.

Mit Start der Kampagne „Topf Secret" explodierten die Antragszahlen. Am 17.01.2019, dem vierten Tag der Kampagne, lagen bayernweit bereits 1.257 über das Portal gestellte Anträge vor. Eine Woche später, am 24.01.2019, bereits 1.841. Am 04.10.2019 waren es 6.599 Anträge. Bundesweit lagen laut foodwatch mit Stand 27.09.2019 mehr als 37.000 Anträge vor.

VI. Pressestimmen

Die Kampagne „Topf Secret" führte zu einer kontroversen öffentlichen Debatte. Dies kann man anschaulich anhand einiger ausgewählter Schlagzeilen nachvollziehen:

- Süddeutsche Zeitung, 10.06.2019: „Topf Secret": *„Wichtige Information oder populistische Aktion? Mit einer neuen Plattform werden die Ergebnisse von Lebensmittelkontrollen im Internet abrufbar – zum Unwillen vieler Wirte"*

- Pressemitteilung DEHOGA Bundesverband, 02.07.2019: *„Foodwatch-Attacken völlig inakzeptabel – Der Deutsche Hotel- und Gaststättenverband verurteilt die medialen Angriffe von Foodwatch auf Ehrenamtsträger des Verbandes aufs Schärfste. Der Verein beantragte die Herausgabe von Kontrollberichten bei Präsidiumsmitgliedern des DEHOGA und seiner Landesverbände und stellt diese öffentlich an den Pranger, wenn die Gastgeber das Foodwatch-Vorgehen rechtlich überprüfen lassen."*

- ZDF, 09.07.2019: *„Transparenzplattform „Topf Secret" – Gastro-Lobby gegen Hygieneberichte-Veröffentlichung – Ernährungsministerium hält Plattform für rechtlich zulässig."*

- Münchner Merkur, 12.07.2019: *„Bäcker scheitern mit Vorstoß – Verbraucherrechte gestärkt – „Topf Secret" darf weiter über Hygienemängel informieren."*

- Pressemitteilung Foodwatch, 27.07.2019: *„Hygiene-Berichte bleiben geheim: Berliner Bezirke sabotieren „Topf Secret" – Die Behörden dürfen sich nicht einfach so über bundesweit geltende Gesetze stellen und die Bürgeranfragen kategorisch ablehnen. Deshalb klagen wir jetzt in einem Musterfall – mit Signalwirkung für ganz Berlin."*

VII. Übersicht über die Gerichtsverfahren in Bayern

Mit Stand 04.10.2019 gab es in Bayern 38 Entscheidungen sowie 46 anhängige Verfahren im einstweiligen Rechtsschutz. Im Hauptsacheverfahren erster Instanz waren 70 Klagen anhängig, vier Urteile (zwei Urteile des VG Augsburg , zwei Urteile des VG Ansbach) ergangen.

VIII. Verfahren im einstweiligen Rechtsschutz

Die weit überwiegende Zahl der Verwaltungsgerichte ordnete in den Verfahren im einstweiligen Rechtsschutz die vom betroffenen Unternehmer beantragte aufschiebende Wirkung an. Beispielshaft VG Würzburg, Beschluss vom 18.06.2019, Az. W 8 S 19.620, S. 17 f:

„Aufgrund der besonders verfassungsrechtlich verankerten Interessen, um deren Schutz es bei dem Begehren des betroffenen Dritten [...] regelmäßig gehen wird, wird in der Regel sein Interesse an der Anordnung der aufschiebenden Wirkung überwiegen."

Anders entschied beispielsweise das VG München in seinem Beschluss vom 03.09.2019, Az. M 32 SN 19.2251. Dort wurde der Antrag auf Anordnung der aufschiebenden Wirkung abgelehnt. Das VG München verneinte in der Begründung des Beschlusses die voraussichtlichen Erfolgsaussichten in der Hauptsache und stellte darüber hinaus fest, dass aufgrund der gesetzgeberischen Wertung des § 5 Abs. 4 Satz 1 VIG das Vollzugsinteresse des VIG-Antragstellers an einer Herausgabe der Informationen grundsätzlich das Aussetzungsinteresse des betroffenen Unternehmers überwiege. Wörtlich heißt es in dem Beschluss (Randziffer 83):

„Deshalb kann der bloße Hinweis auf eine Vorgreiflichkeit und Unumkehrbarkeit der Entscheidung nicht genügen, das Aussetzungsinteresse im Einzelfall zu begründen. Ohne weitergehende Begründung hieße dies letztlich, die ausdrückliche Entscheidung des legislativen Normgebers in der hier zu beantwortenden Frage durch Exekutive und Judikative kompetenzwidrig systematisch auszuhebeln."

IX. Hauptsacheverfahren erste Instanz

Das VG Augsburg wies in seinen beiden Urteilen Au 1 K 19.242 und Au 1 K 19.244 die Klage des betroffenen Unternehmers gegen den Bescheid der Behörde ab. Der individuelle Auskunftsanspruch nach VIG und die aktive staatliche Information der Öffentlichkeit nach § 40 Abs. 1a LFGB seien völlig verschiedene Arten der Informationsgewährung. Daran ändere auch die Tatsache nichts, dass der Auskunftsbegehrende gegebenenfalls eine Veröffentlichung beabsichtige. Dies sei auch kein wichtiger Grund für eine andere Art der Informationserteilung wie Akteneinsicht oder mündliche Auskunft.

Das VG Ansbach hingegen gab in seinen beiden Urteilen AN 14 K 19.00773 und AN 14 K 19.00938 der Klage statt und hob die Bescheide der Behörde auf. Die Anforderungen an ein aktives staatliches Informationshandeln nach § 40 Abs. 1a LFGB seien wegen der zu erwartenden Veröffentlichung im Internet auf das antragsbasierte Verwaltungsverfahren nach VIG übertragbar. Zivilrechtlicher Rechtsschutz sei nicht ausreichend. Die Informationserteilung in der beantragten Form sei zudem unverhältnismäßig. Der VIG-Antragsteller müsse sich zwingend auf Akteneinsicht vor Ort oder Informationserteilung in mündlicher Form verweisen lassen.

X. Warum fällt eine Beurteilung so schwer?

Ein Vergleich des Gesetzeszwecks des VIG mit der Zielsetzung der Kampagne „Topf Secret" zeigt, dass es sich dabei um mehr handelt als nur die Summe vieler einzelner Verbraucheranfragen. Mit der Kampagne wird ein ganz konkreter politischer Wille zur Gestaltung der Transparenzvorschriften in Deutschland verfolgt.

Der Zweck des VIG ist in § 1 VIG formuliert:

„Durch dieses Gesetz erhalten Verbraucherinnen und Verbraucher freien Zugang zu den bei informationspflichtigen Stellen vorliegenden Informationen [...], damit der Markt transparenter gestaltet und hierdurch der Schutz der Verbraucherinnen und Verbraucher vor gesundheitsschädlichen oder sonst unsicheren Erzeugnissen und Verbraucherprodukten sowie vor Täuschung beim Verkehr mit Erzeugnissen und Verbraucherprodukten verbessert wird."

In der Pressemitteilung von foodwatch vom 14.01.2019 zum Start der Kampagne heißt es:

„foodwatch und FragDenStaat wollen mit der Mitmach-Plattform Druck aufbauen, damit Behörden in Zukunft ausnahmslos alle Kontrollergebnisse veröffentlichen müssen. Erst das schaffe den nötigen Anreiz für Lebensmittelbetriebe, sich jeden Tag an alle lebensmittelrechtlichen Vorgaben zu halten. Bundesernährungsministerin Julia Klöckner müsse die gesetzliche Grundlage für ein Transparenzsystem wie in Dänemark, Wales oder Norwegen schaffen. Dort werden alle Ergebnisse der amtlichen Lebensmittelüberwachung veröffentlicht, im Internet und direkt an der Ladentür."

XI. Die Anforderungen des BVerfG an eine aktive staatliche Information

Das BVerfG hat in seinem Beschluss vom 21.03.2018, 1 BvF 1/13, über die Verfassungsmäßigkeit des § 40 Abs. 1a LFGB in seiner bis 29.04.2019 geltenden Fassung entschieden. Bereits diese Fassung hatte strenge Voraussetzungen für eine Information der Öffentlichkeit, u. a. das Vorliegen eines Verstoßes von nicht nur unerheblichem Ausmaß oder eines wiederholten Verstoßes und eines zu erwartenden Bußgeldes von mindestens 350 Euro. Das BVerfG hat in seinem Beschluss weitere Anforderungen an eine aktive staatliche Information nach § 40 Abs. 1a LFGB aufgestellt. Demnach muss die Behörde darauf hinweisen, wenn der Verstoß abgestellt wurde. Außerdem sind Veröffentlichungen über Rechtsverstöße im Internet regelmäßig zeitlich zu begrenzen.

XII. Vergleich von § 40 Abs. 1a LFGB und VIG

Beim Auskunftsanspruch nach VIG handelt es sich um eine antragsgebundene Informationserteilung. Sie ist nicht beschränkt auf die Herausgabe von Informationen über Rechtsverstöße; diese werden jedoch privilegiert behandelt (siehe oben). Das VIG kennt keine Bagatellschwelle, so dass auch geringfügige Rechtsverstöße einer Herausgabepflicht unterliegen. Das VIG sieht längere Fristen vor, bei Drittbeteiligung zwei Monate. Ein gesetzlicher Sofortvollzug ist nur bei der Herausgabe von Informationen über festgestellte nicht zulässige Abweichungen vorgesehen. Eine Pflicht zur Löschung besteht nicht.

Bei der Informationserteilung nach § 40 Abs. 1a LFGB handelt es sich um eine Form der aktiven staatlichen Information. Die Informationserteilung ist auf Rechtsverstöße beschränkt. § 40 Abs. 1a Nr. 3 LFGB sieht mit den Voraussetzungen des nicht unerheblichen Ausmaßes oder des wiederholten Verstoßes sowie mit dem zu erwartenden Bußgeld von mindestens 350 Euro eine Bagatellschwelle vor. Die Informationserteilung hat „unverzüglich" zu erfolgen. Anders als das VIG kennt § 40 Abs. 1a LFGB nicht den Umweg über Erlaß eines Bescheides, sondern lediglich den Realakt der Informationserteilung. Die Information ist sechs Monate nach der Veröffentlichung zu entfernen, § 40 Abs. 4a LFGB.

XIII. Schlussfolgerungen

- Die in Deutschland für den Vollzug des VIG zuständigen Behörden dürften eine Plattform wie „Topf Secret", gemessen an den Maßstäben der Rechtsprechung des BVerfG zu § 40 Abs. 1a LFGB, nicht selbst aufbauen.

- Das VIG endet mit der Erteilung der Information an den Antragsteller. Es trifft keine Regelung zur Frage der Zulässigkeit der Weiterverwendung der erlangten Information durch Antragsteller oder Dritte.

- Der Wertungswiderspruch der Kampagne „Topf Secret" zu § 40 Abs. 1a LFGB ist mit den Instrumentarien der Behörden und Gerichte nicht befriedigend lösbar. Eine gesetzgeberische Klarstellung wäre wünschenswert.

Probleme des § 40 Absatz 1a LFGB

Zum Vollzug des novellierten § 40 Absatz 1a LFGB in Niedersachsen

Prof. Dr. Eberhard Haunhorst, Oldenburg*

Mit dem Gesetz zur Änderung des Rechts der Verbraucherinformation vom 15. März 2012 wurde in § 40 des LFGB ein neuer Absatz 1a eingefügt. Somit sind die zuständigen Behörden verpflichtet, die Öffentlichkeit unter Nennung der Bezeichnung des Lebensmittels oder Futtermittels sowie unter Nennung des Lebensmittel- oder Futtermittelunternehmens zu informieren, wenn der durch Tatsachen hinreichend begründete Verdacht besteht, dass

- zulässige Grenzwerte, Höchstgehalte oder Höchstmengen überschritten wurden oder

- gegen sonstige Vorschriften im Anwendungsbereich dieses Gesetzes, die dem Schutz der Verbraucherinnen und Verbraucher vor Gesundheitsgefährdungen oder vor Täuschung oder der Einhaltung hygienischer Anforderungen dienen, in nicht nur unerheblichem Ausmaß oder wiederholt verstoßen worden ist und die Verhängung eines Bußgeldes von mindestens 350,- Euro zu erwarten ist (in Kraft seit 1. September 2012).

Mit den Informationen nach § 40, Abs. 1a LFGB soll neben dem Gesundheitsschutz auch dem Interesse der Verbraucherinnen und Verbraucher an verlässlichen Informationen über das Marktumfeld Rechnung getragen werden. Diese Informationen sind nicht zu verwechseln mit öffentlichen Warnungen, die der Gefahrenabwehr vor einer Gesundheitsgefährdung der Verbraucherinnen und Verbraucher dienen.

Nachdem in vielen Bundesländern Verwaltungsgerichtsverfahren durch Unternehmen angestrengt wurden und das Land Niedersachsen am 21. August 2013 beim Bundesverfassungsgericht (BVerfG) einen Normenkontrollantrag eingereicht und beantragt hatte, § 40 Absatz 1a LFGB für nichtig zu erklären, weil eine zeitliche Begrenzung für die Veröffentlichung fehle, wurde die Regelung in den Bundesländern zunächst nicht mehr vollzogen.

Das BVerfG hat mit Beschluss vom 21. März 2018 entschieden, dass die Verpflichtung grundsätzlich verfassungsgemäß ist, aber mit Artikel 12 GG (Berufsfreiheit) unvereinbar ist, da die Norm nicht zeitlich begrenzt wird.

---

* **Prof. Dr. Eberhard Haunhorst** ist Präsident des Niedersächsischen Landesamtes für Verbraucherschutz und Lebensmittelsicherheit (LAVES) in Oldenburg.

Daher trat am 30.04.2019 ein Gesetz zur Änderung des § 40 Abs. 1a. LFGB in Kraft. Hier wurde unter anderem eine zeitliche Befristung (6 Monate nach Veröffentlichung) eingeführt und es erfolgte eine Änderung dahingehend, dass die Untersuchung in einem zweiten amtlichen Labor nicht mehr Voraussetzung für eine Veröffentlichung ist. Vielmehr wurde die Regelung an das übliche Verfahren bei Beanstandungen angepasst, so dass nunmehr Voraussetzung für die Veröffentlichungspflicht ist, mindestens zwei Untersuchungen durch ein amtliches Labor durchzuführen. Außerdem wurde festgelegt, dass es keine Veröffentlichungspflicht für bauliche Mängel oder Verstöße gegen Aufzeichnungs- oder Mitteilungspflichten gibt, soweit diese keine Gefahr einer nachteiligen Beeinflussung von Lebensmitteln/Futtermitteln bewirken.

In Niedersachsen wurde dieses Änderungsgesetz durch entsprechende Vollzugshinweise und Erlasse des Landwirtschaftsministeriums konkretisiert. Die Information der Öffentlichkeit nach § 40 Abs. 1a LFGB erfolgt über ein Internetbasiertes Informationssystem (www.verstoesse.lebensmittel-futtermittel-sicherheit.niedersachsen.de/startseite).

Zuständig für die Veröffentlichungen im Bereich Lebensmittel sind die niedersächsischen kommunalen Überwachungsbehörden der Landkreise, kreisfreien Städte etc. und für den Bereich Futtermittel das Niedersächsische Landesamt für Verbraucherschutz und Lebensmittelsicherheit (LAVES).

Bisherige Erfahrungen der Futtermittelüberwachung des LAVES zum Vorgehen des § 40 Abs. 1a LFGB zeigen, dass eine bundeseinheitliche Abstimmung von Untersuchungsmethoden/Nachweisgrenzen z. B. für bestimmte verbotene Stoffe wünschenswert wäre (z. B. Nachweis von Fremdkörpern (Plastik) in Futtermitteln). Dies gilt auch für eine Klarstellung darüber, wer in der Veröffentlichung genannt werden soll, wenn Hersteller und Inverkehrbringer eines Lebensmittels/Futtermittels nicht kongruent sind und in verschiedenen Bundesländern ihren Firmensitz haben.

Probleme des § 40 Absatz 1a LFGB

Zum Vollzug des novellierten § 40 Absatz 1a LFGB in den Ländern

Petra Mock, Stuttgart*

I. Einleitung

Nicht erst seit Gültigkeit des § 40 Absatz 1a LFGB, sondern bereits vor rd. 35 Jahren war das Land Baden-Württemberg mit rechtlichen Fragen der Verbraucherinformation bei Verstößen gegen das Lebensmittelrecht konfrontiert. Der damalige „Birkel-Skandal" hatte weitreichende Folgen für die Lebensmittelsicherheit heute. Im „Fall Birkel" im Jahr 1985 wurde als Rechtsgrundlage für eine Information der Öffentlichkeit vor „mikrobiell verdorbenen" Teigwaren das allgemeine Polizeirecht herangezogen. Eine spezielle lebensmittelrechtliche Regelung bestand damals nicht. Vor dem Hintergrund des Birkel-Prozesses 1989/1990 und dem Vergleich des Landes mit der Firma Birkel 1991 wurde am 09.07.1991 das Gesetz zur Ausführung des Lebensmittel- und Bedarfsgegenständegesetzes (AGLMBG) in Baden-Württemberg verabschiedet. Es enthielt erstmals spezielle Normen zur Warnung und Information der Öffentlichkeit. Dieses Gesetz war im Ländervergleich einmalig und führte dazu, dass Baden-Württemberg in der Folgezeit oftmals öffentliche Informationen durch die betroffenen Unternehmer veranlasste. Mit Inkrafttreten des Lebensmittel- und Futtermittelgesetzbuches (LFGB) des Bundes am 01.09.2005 gab es erstmals eine bundeseinheitliche gesetzliche Regelung über Warnung und Information der Öffentlichkeit bei Verstößen gegen das Lebensmittelrecht. Vorbild für diese Regelung war das baden-württembergische AGLMBG entsprechend einer diesbezüglichen Bundesratsinitiative des Landes Baden-Württemberg.

---

* **Petra Mock** ist Leiterin des Referats Lebensmittelwesen, Lebensmittel-, Wein- und Trinkwasserüberwachung im Ministerium für Ländlichen Raum und Verbraucherschutz Baden-Württemberg.

II. Zum Vollzug des § 40 Absatz 1a LFGB in Baden-Württemberg

Mit dem Gesetz zur Änderung des Rechts der Verbraucherinformation vom 15.03.2012 (Bundesgesetzblatt I Seite 476) wurde § 40 Absatz 1a LFGB neu eingeführt.

Das Bundesverfassungsgericht hat in seinem Beschluss vom 21.03.2018 (Az. 1 BvF 1/13) in der Bekanntmachung vom 18.05.2018 (BGBl. I S. 650) festgestellt:

1. § 40 Absatz 1a LFGB, eingeführt durch Artikel 2 Nummer 2 des Gesetzes zur Änderung des Rechts der Verbraucherinformation vom 15. März 2012 (Bundesgesetzblatt I Seite 476), ist insofern mit Artikel 12 Absatz 1 des Grundgesetzes unvereinbar, als die dort angeordnete Veröffentlichung nicht zeitlich begrenzt ist.

2. Zur Abwendung der Nichtigkeit der Regelung obliegt es dem Gesetzgeber, bis zum 30. April 2019 eine Regelung zur Dauer der Veröffentlichung zu treffen.

3. Bis zu einer solchen Neuregelung, längstens aber bis zum 30. April 2019, darf die angegriffene Vorschrift nach Maßgabe der Gründe weiter angewandt werden.

Die Bundesregierung hat mit dem Ersten Gesetz zur Änderung des LFGB vom 24.04.2019 (BGBl. I S. 498) die vom Bundesverfassungsgericht geforderte Gesetzesanpassung vollzogen.

Daraus folgt für den Vollzug in Baden-Württemberg, dass die zuständigen Behörden nach § 40 Absatz 1a LFGB verpflichtet sind, die Verbraucher unter Namensnennung des verantwortlichen Unternehmens bei hinreichendem Verdacht über

1. Überschreitungen festgelegter Grenzwerte/Höchstgehalte/Höchstmengen im Anwendungsbereich des LFGB (Lebensmittel und Futtermittel) oder

2. Nachweise von Stoffen, die nach Vorschriften im Anwendungsbereich des LFGB (Lebensmittel oder Futtermittel) nicht zugelassen oder verboten sind, oder

3. alle sonstigen Verstöße, gegen Hygienevorschriften oder Vorschriften, die dem Gesundheits- oder Täuschungsschutz dienen,
   - wenn sie in nicht unerheblichem Ausmaß oder wiederholt erfolgen und
   - bei denen ein Bußgeld von mindestens 350 € zu erwarten ist

unverzüglich zu informieren; ein Ermessen besteht hierbei nicht.

Verschiedene Einzelfragen einer Veröffentlichung nach § 40 Absatz 1a Nr. 3 LFGB liegen zur gerichtlichen Entscheidung vor oder sind mittlerweile durch Instanzgerichte entschieden. Der Beschluss des Verwaltungsgerichtshofs (VGH) Baden-Württemberg vom 21.05.2019 (Az. 9 S 584/19) ist für die badenwürttembergische Vollzugspraxis von Relevanz.

Der VGH Baden-Württemberg hat Bedenken geäußert, ob bestimmte von der Lebensmittelüberwachungsbehörde im Rahmen einer Veröffentlichung nach § 40 Absatz 1a Nr. 3 LFGB im konkreten Fall herangezogene Normen des nationalen Lebensmittelrechts mit Unionsrecht bzw. deutschem Verfassungsrecht vereinbar sind. Der VGH Baden-Württemberg äußerte rechtliche Bedenken im Hinblick auf die Heranziehung von § 11 Absatz 2 Nr. 1 LFGB (Verbot des Inverkehrbringens ekelerregend behandelter Lebensmittel ohne Nachweis einer Kontamination) als Rechtsgrundlage zur Feststellung eines zu veröffentlichenden Verstoßes. Es sei zweifelhaft, ob die Vorschrift mit dem Normwiederholungsverbot des Unionsrechts (Art. 288 AEUV) vereinbar sei. Nach Ansicht des VGH Baden-Württemberg kann jedoch anstelle von § 11 Absatz 2 Nr. 1 LFGB auf Artikel 14 Absatz 1 i. V. m. Absatz 2 Buchst. b der VO (EG) Nr. 178/2002 als Rechtsgrundlage zur Feststellung des Verstoßes zurückgegriffen werden, der den Umstand des Verbots ekelerregend behandelter Lebensmittel ohne Kontaminationsnachweis voraussichtlich ebenfalls mit abdecke. Zudem hat der VGH Baden-Württemberg verfassungsrechtliche Bedenken gegen die Blankettvorschrift des § 60 Absatz 4 Nr. 2a LFGB und hierbei insbesondere Zweifel an der Vereinbarkeit mit dem in Art. 103 Absatz 2 GG verankerten Bestimmtheitsgrundsatz und dem Grundsatz der Gewaltenteilung geäußert. Durch das Verwaltungsgericht Stuttgart wurde ebenfalls die Verfassungsmäßigkeit der Blankettvorschrift des § 60 Absatz 2 Nr. 26a LFGB in Zweifel gezogen (VG Stuttgart, Beschlüsse vom 23.09.2019 – Az. 16 K 5716/19 u. 16 K 5455/19). Nach der Entscheidung des Bundesverfassungsgerichts vom 11.03.2020 zur Verfassungsmäßigkeit von § 58 Absatz 3 Nr. 2 LFGB (BVerfG, Beschluss v. 11.03.2020 – Az. 2 BvL 5/17) bleibt abzuwarten, ob die unter Bezugnahme auf die Rechtsprechung des VGH Baden-Württemberg von den Verwaltungsgerichten angenommenen Zweifel an der Verfassungsmäßigkeit der genannten Bestimmungen aufgrund ihres Charakters als Blankettvorschriften aufrechterhalten werden. Das Ergebnis einer Prüfung durch den VGH Baden-Württemberg kann nicht vorweggenommen werden.

Das Ministerium für Ländlichen Raum und Verbraucherschutz Baden-Württemberg als oberste Lebensmittelüberwachungsbehörde gibt regelmäßig in Erlassform den für den Vollzug des § 40 Absatz 1a LFGB zuständigen Behörden Handlungshinweise, um eine rechtssichere und einheitliche Vollzugspraxis in Baden-Württemberg zu gewährleisten. Der erste Erlass vom Oktober 2018 berücksichtigte den Beschluss des Bundesverfassungsgerichts vom Mai 2018, der zweite Erlass vom April 2019 ging auf die aktuellen LFGB-Änderungen vom April 2019 ein, der dritte Erlass vom Juli 2019 beschrieb notwendige Anpassungen in der Vollzugspraxis aufgrund des Beschlusses des VHG Baden-Württemberg. So werden bis zu einer abschließenden Klärung der durch den VGH Baden-Württemberg aufgeworfenen Fragen die ausführlichen rechtlichen Hinweise des VGH Baden-Württemberg für die aus seiner Sicht rechtmäßige Vorgehensweise übernommen, damit in der Zwischenzeit ein rechtssicherer Rahmen für die weitere Veröffentlichungspraxis vorgegeben ist. Der vierte Erlass vom November 2019 berücksichtigt weitere aktuelle Gerichtsentscheidungen. Ein fünfter Erlass ist aufgrund weiterer Gerichtsentscheidungen im ersten Quartal 2021 geplant.

Die Veröffentlichung der Fälle nach § 40 Absatz 1a LFGB erfolgt in Baden-Württemberg auf der Internetseite www.verbraucherinfo-bw.de. Im Durchschnitt besuchen rd. 3.200 Verbraucherinnen und Verbraucher je Woche das Portal, dabei betrachten sie rund 8 Seiten/Dateien (Stand: Januar 2021).

III. Zusammenfassung

Die Großzahl der Veröffentlichungen nach § 40 Absatz 1a LFGB sind Fälle nach Nr. 3. Rückblickend auf das Jahr 2019 werden in Baden-Württemberg pro Jahr rd. 290 Fälle nach § 40 Absatz 1a Nr. 3 LFGB veröffentlicht. Bezogen auf alle Lebensmittelunternehmer in Baden-Württemberg (rd. 240.000) sind dies 0,1 % und bezogen auf alle Gastronomie- und Dienstleistungsbetriebe (rd. 96.000) sind dies 0,3 %. Aufgrund der Coronapandemie und der damit einhergehenden Schließungen von Gaststätten und Einzelhandel sind die genannten Zahlen nicht auf das Jahr 2020 übertragbar.

Die weit überwiegende Anzahl der vorgelegten Fälle betrifft die Betriebsart Gaststätte/Imbiss/Café, gefolgt von Bäckereien, Metzgereien und einzelnen unterschiedlichen sonstigen Lebensmittelbetrieben (Einzelhändler, Heime, etc.).

IV. Fazit

Baden-Württemberg stimmt mit dem Bundesverfassungsgericht überein, das eine Veröffentlichung von Verstößen über einen festgelegten Zeitraum unter Abwägung der damit für das betroffene Unternehmen einhergehenden Grundrechtsbeeinträchtigung mit dem Wert der Information für Verbraucher als angemessen und verhältnismäßig erachtet. Die zuständigen Behörden sind folglich verpflichtet, in dem vom Gesetz vorgegebenen und durch die Rechtsprechung konkretisierten Rahmen die Veröffentlichungen nach § 40 Absatz 1a LFGB unverzüglich vorzunehmen.

§ 40 Abs. 1a Nr. 3 LFGB als neue Sanktionsform?

Rechtsanwalt Rochus Wallau, Ingolstadt*

I. Einleitung

Das Bundesverfassungsgericht hat sich zur „normativen Kategorisierung" von behördlichen Informationen im Lebensmittelbereich à la § 40 Abs. 1 a Nr. 3 LFGB eindeutig geäußert und dabei betont, dass eine sanktionierende Wirkung insbesondere bei der Veröffentlichung von bereits abgestellten Verstößen anzunehmen ist: „Nicht nur die Publikation anhaltender, sondern auch die Veröffentlichung bereits beseitigter Verstöße ist zur Zweckerreichung geeignet. Das gilt insbesondere im Hinblick auf den generalpräventiven Zweck der Regelung. Die Publikation behobener Verstöße erhöht die abschreckende Wirkung der Informationsregelung und fördert damit die Einhaltung der einschlägigen Vorschriften. Daneben dient die Veröffentlichung behobener Verstöße auch dem Ziel der Verbraucherinformation, weil auch Informationen über rechtsverletzendes Verhalten in der Vergangenheit für die Konsumentscheidung Bedeutung haben können."[1]

Mit dieser eindeutigen Hierarchisierung der Zwecke im Fall von abgestellten Verstößen – Hauptzweck ist die abschreckende Wirkung (die wiederum nur durch einen „Prangereffekt"[2] erzielt werden kann); die Information gerät zum Nebenzweck – ist eigentlich alles zur Frage gesagt, ob § 40 Abs. 1 a Nr. 3 LFGB eine sanktionierende Wirkung zukommt.

II. Die Rechtsprechung des OVG Nordrhein-Westfalen und des VGH Baden-Württemberg

Die verwaltungsgerichtliche Rechtsprechung weicht einer solchen Festlegung allerdings aus. Beispielhaft sei hier das OVG Nordrhein-Westfalen genannt, das bereits früh angenommen hat, der Zweck einer Veröffentlichung liege primär in der Publikumsinformation: „Die Information nach § 40 Abs. 1a LFGB

---
1 BVerfG, Beschluss v. 21.03.2018, 1 BvF 1/13, Rz. 38.
2 Sh. hierzu Wallau, ZLR 2020, 115 ff.

---
* **Rechtsanwalt Rochus Wallau** ist als Geschäftsbereichsleiter Lebensmittelrecht & Qualitätsmanagement in einem südbayerischen Handelsunternehmen tätig. Der Beitrag gibt ausschließlich die persönliche Auffassung des Autors wieder.

dient nicht der Abwehr einer konkreten Gesundheitsgefährdung der Verbraucher. Ihr Sinn und Zweck ist – anders als bei der Information nach § 40 Abs. 1 Satz 1 LFGB – nicht unmittelbar auf die Abwehr von Gesundheitsgefahren durch Lebensmittel oder Futtermittel gerichtet. Vielmehr soll die Information in erster Linie eine hinreichende Grundlage für eigenverantwortliche Konsumentscheidungen der Verbraucher schaffen sowie – nachrangig – (quasi erzieherisch) zur Einhaltung der Bestimmungen des Lebensmittel- und Futtermittelrechts beitragen. Der drohende Nachteil der Informationsverbreitung soll das einzelne Unternehmen dazu veranlassen, den Betrieb im Einklang mit den lebensmittel- und futtermittelrechtlichen Bestimmungen zu betreiben".[3]

Andere Obergerichte, beispielsweise der VGH Baden-Württemberg, sind dieser – aus Sicht der bundesverfassungsgerichtlichen Entscheidung: Verdrehung der Zweckhierarchie – gefolgt: „Nach der Begründung des Gesetzentwurfs soll die Regelung vor allem eine hinreichende Grundlage für eigenverantwortliche Konsumentscheidungen der Verbraucher schaffen und daneben zur Einhaltung der Bestimmungen des Lebensmittel- und Futtermittelrechts beitragen. Der drohende Nachteil der Informationsverbreitung soll das einzelne Unternehmen dazu veranlassen, den Betrieb im Einklang mit den lebensmittel- oder futtermittelrechtlichen Vorschriften zu betreiben, was letztlich der Durchsetzung des allgemeinen Gesetzeszwecks, Gesundheitsgefahren vorzubeugen und abzuwehren und die Verbraucher vor Täuschung zu schützen, dient".[4]

III. Die Position des Bundesverfassungsgerichts und der Kommission

Nicht nur die bereits zitierten Darlegungen des Bundesverfassungsgerichts in der Entscheidung vom 21. März (1 BvF 1/13) sprechen hingegen eine andere Sprache. Besondere Bedeutung kommt in diesem Zusammenhang den Ausführungen zu, mit denen das Bundesverfassungsgericht die Rechtswirkungen der Veröffentlichung einer berufsrechtlichen Entscheidung beschreibt: „Eine solche Maßnahme findet ihre Rechtfertigung in einem berechtigten Interesse an einer Information der Allgemeinheit, insbesondere der Gemeinschaft der Versicherten, wie auch der Kammerangehörigen, die sodann ihr Verhalten nach Kenntnis einer solchen Verfehlung steuern können. Neben dieser informationellen und im Grundsatz generalpräventiven Wirkung dient die Veröffentlichung auch der weiteren Sanktionierung eines individuellen Fehlverhal-

---

[3] OVG NRW, Beschluss v. 15.01.2019, 13 B 1587/18, Rz. 21.
[4] VGH Baden-Württemberg, Beschluss v. 28.11.2019, 9 S 2662/19, Rz. 26.

tens, das auch die Gefahr einer höheren Kostenlast für die Gemeinschaft der Versicherten in sich trägt".[5]

Und: Die Europäische Kommission hat zumindest für den Bereich der Kapitalmarktaufsicht gleichfalls angenommen, dass "naming and shaming" sanktionierende Wirkung hat: "Eine Strafe kann auch das sogenannte Name and Shame sein, wobei z. B. der Name des für schuldig befundenen Unternehmens öffentlich bekannt gemacht wird"[6].

Auch andere Rechtsordnungen sehen – hierin übereinstimmend – in der Veröffentlichung eine (selbständige) Sanktion: Art. 131-39 Nr. 9 des französischen NCP sieht eine Sanktionsentscheidungsveröffentlichung gleichfalls als zusätzliche echte "Strafe" (= Unternehmensstrafe).

Man wird auf dieser Grundlage mit der ganz herrschenden Meinung in der Literatur davon ausgehen (müssen), dass eine Veröffentlichung nach § 40 Abs. 1 a Nr. 3 LFGB sanktionierende Wirkung hat und deswegen als „Strafrecht im weiteren Sinne"[7] anzusehen ist.[8] *Helmut Satzger* hat in seinem Beitrag im ersten Heft der LMuR des Jahres 2021 diese Auffassung auch aus Sicht eines Ordinarius für Europäisches Strafrecht ausführlich begründet.

IV. Vermeidung von Friktionen

Die Annahme, dass es sich bei einer Veröffentlichung nach § 40 Abs. 1 a Nr. 3 LFGB um eine „Strafe im weiteren Sinne" handelt, vermeidet im Übrigen auch dogmatische Friktionen, die sich einstellen, wenn man den Schwerpunkt des Normzwecks bei der Verbraucherinformation setzt. Das sei an zwei Beispielen erläutert.

Das gilt zum einen für die Auslegung des Begriffs „unverzüglich". Hierzu ist bekanntlich bereits Rechtsprechung ergangen, die – verkürzt gesprochen – die Veröffentlichung von Verstößen, die bereits seit etlichen Monaten festgestellt (und abgestellt) wurden, für nicht mehr „unverzüglich" hält. Dabei sind

---

5 BVerfG, Beschluss v. 03.03.2014 – 1 BvR 1128/13, Rz. 24.
6 COM 2016 (32) final, S. 9.
7 Zur Rekonstruktion anhand der sog. Engel-Kriterien sh. Roffael/Wallau, in: Zipfel/Rathke, Lebensmittelrecht, Werkstand: 175. EL November 2019, LFGB, Vor § 58- § 62 Rn. 37 ff.
8 Sh. Roffael/Wallau, in: Zipfel/Rathke, Lebensmittelrecht, Werkstand: 175. EL November 2019, LFGB, Vorbemerkung § 58- § 62 Rn. 39; sh. auch Roffael/Wallau, ZLR 2019, S. 331 ff. u. Meisterernst/Vergho, ZLR 2019, S. 45 ff. u. Möstl, ZLR 2019, S. 343 ff. Sh. im Übrigen umfassend zum „Naming and Shaming" als Sanktionsform die monographische Aufarbeitung von Irmscher, Öffentlichkeit als Sanktion (2019) und Koch, Naming and Shaming im Kapitalmarktrecht (2019).

besonders interessant diejenigen Fälle, in denen teilweise erhebliche, durch gerichtliche Befassungen entstandene Zeitverzögerungen zu notieren sind.[9]

Dass ein „schuldhaftes Zögern" bis zum Ausschluss der Veröffentlichungsbefugnis führen kann, ergibt sich recht zwanglos für diejenigen, die in der Veröffentlichung eine „Sanktion" erblicken. Deutlich schwerer mit einer friktionsfreien Verarbeitung tuen sich demgegenüber diejenigen, die primär auf die (Aktualität der) Verbraucherinformation als Wurzelgrund von § 40 Abs. 1 a Nr. 3 LFGB abstellen: Für deren Zulässigkeit spielt nämlich die Frage, ob bzw. „warum" die Behörde oder das Gericht (vorwerfbar) „nicht schnell genug" waren, keine Rolle; und auch aus Sicht der Verbraucher wäre hier keine Differenzierung angebracht. Insbesondere die in diesem Zusammenhang regelmäßig aufgeworfene Frage, ob es z. B. „vor einer Anhörung zur Veröffentlichung der weiteren Sachverhaltsaufklärung – etwa in Form weitergehender Ermittlungen oder Untersuchungen – bedurft hätte"[10], stellt in einer Systematik, die in erster Linie auf die „Informationsfunktion" abstellt, einen echten Fremdkörper dar.

Insbesondere das OVG Nordrhein-Westfalen betont die Ausrichtung des „Informationsgehalts" von Veröffentlichungen nach § 40 Abs. 1 a Nr. 3 LFGB am „Verbraucherhorizont": „Die Ermächtigungsgrundlage deckt grundsätzlich nur die Verbreitung zutreffender Informationen, die bei dem Verbraucher keine Fehlvorstellung hervorrufen, ab. (...) Die Veröffentlichung muss im Hinblick auf den beanstandeten Verstoß die für den Verbraucher wesentliche Information enthalten"[11].

Es erscheint allerdings zweifelhaft, wenn Teile der Rechtsprechung die Kriterien für die Darstellung der einschlägigen Verstöße – offenbar – in erster Linie am „nicht professionellen Leserhorizont" ausrichten; systematisch, innerhalb der Vorgaben von § 40 LFGB, überzeugt das jedenfalls nicht. Wer sich als Lebensmittelunternehmer darangeben würde, z. B. im Rahmen des Rückrufs eines gesundheitsschädlichen Lebensmittels die in Rede stehenden Risiken „laienhaft" zu beschreiben, würde binnen kürzester Zeit – und zwar mit Recht – eine behördliche Verfügung erhalten.

---

9 Vgl. hierzu die Anmerkung von Roffael in LMuR 2020, 183 ff. zu VGH Baden-Württemberg, Beschluss v. 12. 02. 2020 – 9 S 2637/19.
10 VG München, Beschluss v. 19.05.2020, M 26 E 20.1579.
11 OVG Nordrhein-Westfalen, Beschluss v. 03.03.2020, 13 B 1554/19.

V. Unklare Grenzen und offene Fragen

Ob man will oder nicht: Der Pranger hat nicht nur im Lebensmittelrecht, in Gestalt der „Reputationsstrafe"[12] nach § 40 Abs. 1 a Nr. 3 LFGB, (wieder) Einzug gehalten, sondern auch auf anderen Rechtsfeldern. Die damit einhergehenden Anforderungen an die rechtliche Einhegung steigen – es gehört zur Paradoxie dieser Entwicklung, dass gerade die Tendenz zur „Entformalisierung" besonderer „Leitplanken" bedarf – weil die Folgen sonst offensichtlich unverhältnismäßig werden.

Der VGH Kassel hat zum „Naming and Shaming" im Bereich des Kapitalmarktrechts ausgeführt: „Das sog. naming and shaming durch die Veröffentlichung entspricht den Vorgaben und dem Willen der Richtlinie. Nach dem bereits genannten Erwägungsgrund 17 der Richtlinie soll die öffentliche Bekanntmachung der Entscheidungen über verhängte Verwaltungsmaßnahmen oder verwaltungsrechtliche Sanktionen auf breite Kreise abschreckend wirken. Die öffentliche Bekanntmachung von Entscheidungen ist laut dem Erwägungsgrund 17 ein wichtiges Instrument zur Unterrichtung der Marktteilnehmer darüber, welches Verhalten als Verstoß gegen die Richtlinie betrachtet wird, sowie zur Förderung eines einwandfreien Verhaltens zwischen den Marktteilnehmern auf breiter Basis. Eine abschreckende Wirkung tritt insbesondere dann ein, wenn Name bzw. Firma der sanktionierten Person öffentlich bekannt gemacht werden. Dem Richtliniengeber und dem nationalen Gesetzgeber ist bewusst, dass entsprechende Bekanntmachungen insbesondere von den interessierten Medien aufgenommen werden, wobei sich diese Rezeption oftmals nicht nur auf eine reine Wiedergabe der Bekanntmachung beschränken dürfte, sondern auch zu einer wertenden Berichterstattung in der Öffentlichkeit führen wird. In einer pluralen Mediengesellschaft kann diese Berichterstattung auch tendenziös oder gar unsachlich sein"[13].

Die mit einer solchen „Privatisierung von Sanktionen"[14] notwendig einhergehende Gefahr der Entgrenzung (und damit bspw. auch der potentiell fehlenden Proportionalität[15]) ruft das Schuldprinzip auf den Plan – ebenso wie

---

12 Zur dieser Charakterisierung sh. Roffael/Wallau, LMuR 2020, 10, 12.
13 VGH Kassel, Beschluss v. 19.09.2019 – 6 B 860/19.
14 Vgl. Kubiciel, ZStW 106 (2006), 49, 71: „Die informellen Reaktionen der Betrachter sind keine Kollateralschäden der eigentlichen Strafe, sondern das Strafübel selbst." Sh. auch Pawlik, FAZ v. 6.11.2014: „Hemmungslose Neugierde, Häme, Rachsucht, Charakterzüge dieser Art sind es, auf welche die shame sanctions zur Erzielung der gewünschten Wirkung angewiesen sind. Man meint geradezu, einen Auszug des Beichtspiegels vor sich zu haben. Eine Institution aber, die sich von derartigen psychischen Dispositionen abhängig macht, ja deren Äußerung noch fördert, untergräbt ihre eigene Dignität. Das Häßliche bleibt auch dann häßlich, wenn es zu einem an sich legitimen Zweck instrumentalisiert wird".
15 Diskussion zahlreicher Aspekte aus dem Bereich der „klassischen" Sanktion bei Nettesheim, Öffentlichkeit als Unternehmenssanktion, 2. Auflage, 27 ff, 37 ff., online abrufbar über: https://

die Tatsache, dass die in Rede stehenden Veröffentlichungen keinen Hinweis darauf enthalten, dass hier lediglich ein Verdacht veröffentlicht wird.[16]

Pierre Bourdieu, der Sympathie oder gar Kumpanei mit der Wirtschaft sicher unverdächtig, hat eindringlich über die erodierende Wirkung geschrieben, die zu notieren ist, wenn ein Medium (Fernsehen) sich an die Stelle der „eigentlich" legitimierten Instanz (Gesetzgebung bzw. Justiz) setzt: „In diesem Zeitraffer wird sichtbar, wie über Medien, die als Instrument mobilisierender Information agieren, eine perverse Form der direkten Demokratie um sich greifen kann. (...) Es zeigt, wie eine Logik der Rache wiederersteht, gegen die die gesamte juristische und die politische Logik aufgebaut worden sind."[17]

Ganz anders klingt es demgegenüber von Seiten der Befürworter des zweckvoll eingesetzten „Naming and Shaming": „Jacquet zeigt, wie wir über das Schamgefühl gesteuert werden und es als politisches Instrument für eine bessere Welt benutzen können".[18]

Wen beim Lesen dieser Zeilen leicht fröstelt, weil er sich bei der Frage ertappt, ob nicht auch heuer die allerbesten Absichten gewisse Grenzen brauchen; und wer denn überhaupt bestimmt, was eine „bessere Welt" ist usw., der sei auf eine schlichte Weisheit der Geschichte verwiesen:

„Je dis que quiconque tremble en ce moment est coupable; car jamais l'innocence ne redoute la surveillance publique".[19]

---

www.familienunternehmen.de/media/public/pdf/publikationen-studien/studien/Oeffentlichkeit-als-Unternehmenssanktion_Studie_Stiftung-Familienunternehmen_2019.pdf.
16 Vgl. zum letzten Aspekt Dannecker/Dannecker, ZLR 2019, 175 ff.
17 Pierre Bourdieu, Über das Fernsehen, 91 f.
18 Jennifer Jacquet: Scham. Die politische Kraft eines unterschätzten Gefühls, Klappentext.
19 Maximilien de Robespierre, zitiert nach Jacob Talmon: Die Geschichte der totalitären Demokratie. Band I: Die Ursprünge der totalitären Demokratie, 190: „Ich sage, dass wer immer auch in diesem Moment zittert, schuldig ist; denn die Unschuld fürchtet die öffentliche Überwachung nicht" (eigene Übersetzung des Autors).

Schaffung eines einheitlichen Bußgeldkatalogs und Fragen der Bußgeldbemessung

Dr. Stephan Koch, Dresden*

I. Einleitung

Für die Sanktionierung von Ordnungswidrigkeiten im Bereich des Lebens- und Futtermittelrechts sind Bußgelder ein bewährtes Mittel. Auch wenn es zahlreiche Kriterien gibt, die in die Bemessung der Höhe mit einfließen und einen gewissen Rahmen ergeben, wird immer wieder der Ruf nach einer bundeseinheitlichen „Harmonisierung" laut.

Besonderen Schwung hat die Diskussion aufgenommen, nachdem der Bundesgesetzgeber in Zusammenhang mit Informationspflichten der Behörden gegenüber der Öffentlichkeit einen konkreten Betrag im § 40 Abs. 1a Nr. 3 des Lebensmittel- und Futtermittelgesetzbuches (LFGB) verankert hat. Das trifft demzufolge immer dann zu, wenn der Rechtsunterworfene gegen Vorschriften des Anwendungsbereiches des Gesetzes, die dem Schutz der Verbraucherinnen und Verbraucher vor Gesundheitsschädigungen oder der Täuschung oder der Einhaltung hygienischer Anforderungen dienen, in nicht unerheblichen Ausmaß oder wiederholt verstoßen hat UND die Verhängung eines Bußgeldes von mindestens 350 € zu erwarten ist.

Aus dieser Vorgabe ergeben sich zwangsläufig ein paar Fragen und in der Umsetzung einheitlichen und transparenten Verwaltungshandelns Diskussionspunkte, denn: wie komme ich nach einheitlichen Maßstäben zu einem bundesweit nachvollziehbaren und akzeptierten Bußgeld? Wie löse ich den Konflikt auf, Anforderungen aus einem Bundesgesetz zu berücksichtigen, wenn der Vollzug bei den Kommunen liegt? Wie synchronisiere ich das Verwaltungshandeln in über 400 Körperschaften in der Bundesrepublik?

II. Aktuelle Beispiele für Bußgeldkataloge

Die Idee, die Regelungsinhalte und die Bemessung von Bußgeldern (und damit das Verwaltungshandeln) zu harmonisieren, ist weder neu noch abwegig. Nahezu jeder, der sich im Straßenverkehr bewegt, kennt die Bußgeldkatalog-Verordnung für den Straßenverkehr (Bußgeldkatalog) – sei es theoretisch

---

* **Dr. Stephan Koch** ist Leiter der Abteilung 2 im Sächsischen Staatsministerium für Soziales und Gesellschaftlichen Zusammenhalt.

oder aus eigener leidvoller Anschauung. Die Anwendung der Regelung erfolgt bundeseinheitlich und transparent. Das Verwaltungshandeln unterliegt dabei Bemessungskriterien wie zum Beispiel die Berücksichtigung besonderer wirtschaftlicher Lagen, Regelungen zum Umgang mit mehreren Ordnungswidrigkeiten bei derselben Handlung, die Berücksichtigung von mehrfachen (gleichartigen) Verstößen, die Prüfung eines (Nicht-) Vorliegens einer Geringfügigkeit bei kumulativen Handlungen und die Berücksichtigung von Vorsatz oder einer besonderen Gefährdung. Ähnliche Kataloge gibt es im Bereich Güterkraftverkehr[1] oder im Bereich der Schifffahrt[2].

Im Bereich der Veterinärverwaltung gibt es zahlreiche Beispiele aus der Verwaltungspraxis eine ebensolche Vorgehensweise zu verankern – sei es auf Ebene einer Stadt, eines Landkreises oder eines Regierungsbezirkes. Inhaltlich und strukturell gibt es erwartungsgemäß zahlreiche Parallelen zum Bußgeldkatalog im Straßenverkehr. Allerdings haben diese Dokumente nur den Status von Empfehlungen, was sie inhaltlich aber nicht wenigere wertvoll macht. In Sachsen gibt es eine überaus ausführliche Auflistung, die zudem den Arbeitstitel „Bußgeldkatalog" trägt und als landesweite Empfehlung im Einsatz ist.

Die Inhalte und Strukturen dieser Dokumente sind relativ ähnlich. Je nach Detailtiefe werden Bußgeldrahmen bei Verstößen gegen Vorschriften des LFGB oder einschlägiger EU-Verordnungen festgehalten. Angereichert wird dies durch die Berücksichtigung allgemeiner Grundsätze und Abwägungskriterien. Die Dokumente sind zum Teil von allen an der Lebensmittelüberwachung beteiligten Verwaltungsebenen erarbeitet und werden mehr oder weniger häufig Aktualisierungen unterzogen.

III. Erwartungshaltung der handelnden Parteien

Je nach Beteiligung am Geschehen oder der Sichtweise auf das Thema verknüpfen sich mit dem Modell eines bundeseinheitlichen Bußgeldkatalogs unterschiedliche Wünsche und Erwartungen.

1. Amtliche Lebensmittelüberwachung

Ein möglichst vollständiger Katalog dient der Vollzugsbehörde als Leitfaden bei der Bemessung einer Eingreifschwelle sowie von Steigerungsfaktoren, der Orientierung bei kumulierenden Sachverhalten und der Findung eines Basiswertes. Wenn möglichst alle Regelinhalte abgebildet sind, ist die Gefahr

---

1 Buß- und Verwarngeldkatalog zum Güterkraft-Verkehrsgesetz.
2 Buß- und Verwarngeldkatalog Binnen- und Seeschifffahrtsstraßen.

etwas zu übersehen geringer und das Ausüben des eigenen Ermessens bleibt dennoch gewahrt. Gleichmacherei ist dabei vorzubeugen.

Eine Qualitätssteigerung der Überwachung dürfte zu erwarten sein. Wenn die Vollzugsmaßnahmen nach einheitlichen Maßstäben durchgeführt und erfasst werden, besteht die Möglichkeit, den risikoorientierten Handlungsansatz zu schärfen, Untersuchungsprogramme und Personalstrukturen konsequenter auf das Ziel auszurichten. Allerdings sind auch Absprachen zu tätigen, wie das Erreichte aktuell zu halten und bei Bedarf zu erweitern sei (z. B. beim Thema food fraud). Ggf. steigt damit auch der Rechtfertigungsdruck in Einzelfällen, da eine neue Form von Vergleichbarkeit zu erzielen ist.

2. Rechtsunterworfene

Einheitliche Kataloge sichern einheitliches Verwaltungshandeln – innerhalb der Kommune, sowie über Kreis- und Landesgrenzen (Wochenmärkte, reisendes Gewerbe) hinweg. Bei der Kontrolle von national oder darüber hinaus wirkenden Konzernen werden auf breiter Basis gleiche Bewertungsmaßstäbe angelegt. Das dürfte von den betroffenen Kreisen goutiert werden.

3. Politik

Die Politik steht durch Lebensmittelskandale unter medialem Druck. Da ist ein auf breiter Basis abgestimmter Rahmen für reglementierendes Handeln hilfreich und erhöht zudem die immer wichtiger werdende Transparenz behördlicher Tätigkeiten. Zudem lassen sich politische Absichtserklärungen für die Zukunft damit einlösen.

IV. Arbeitsschritte und Möglichkeiten der Umsetzung

Ein derartiges Arbeitsvorhaben bedarf eines hohen Maßes an Akzeptanz. Sachsen wurde von der Länderarbeitsgemeinschaft Verbraucherschutz (LAV) beauftragt, dazu eine Projektgruppe einzurichten und zu leiten. Dieser Vorschlag war getragen von dem Fakt, dass der sächsische Katalog der detaillierteste und umfangreichste war und ist.

Wir haben uns daher entschlossen unter Beteiligung aller am Vollzug beteiligten Kreise (u. a. Kreisebene, Länderebene, Tierärzte und Lebensmittelchemiker, Verband der Lebensmittelkontrolleure) mit wenigen Ländervertretern und dem Bund zu starten. Vorbereitet wurde das Vorhaben politisch durch eine Initiative des Freistaates Sachsen als Vorsitz der Verbraucherschutzministerkonferenz 2017 in Dresden.

Dr. Stephan Koch

In der konstituierenden Sitzung der PG im Januar 2019 wurde zunächst der Arbeitauftrag aktualisiert und konkretisiert. Dadurch, dass die Änderung des § 40 Abs. 1a LFGB in der vom BVerG gesetzten Frist erfolgt war, war aus Sicht der PG ein bundeseinheitlicher Bußgeldkatalog für den Vollzug des § 40 Abs. 1a ncht zwangsläufig nötig – auch wenn politisch weiterhin gewünscht. Die PG beschloss daher, die beiden Aspekte zu trennen. Es wurde vereinbart, der LAV die Erarbeitung eines kontinuierlich wachsenden Leitfadens vorzuschlagen, der Bußgeldbemessungsgrundsätze, Rahmenbeträge und Staffelsätze durch Vertreter von mittleren und unteren Verwaltungsbehörden erfassen sollte. Dies sollte unter der Verantwortung des Bundes geschehen, um die länderübergreifende Problematik abbilden zu können. Dieses Ziel war aber nicht einfach zu erreichen, denn ein Einvernehmen, ob dies eine Sache des Bundes (verantwortlicher Gesetzgeber) oder der Länder (verantwortlich für den Vollzug) wurde zunächst nicht erzielt.

In einer weitern PG-Sitzung im Juli 2019 konnte das Vorhaben jedoch vorangetrieben werden. Mittlerweile bestand zwischen Bund und Ländern Einvernehmen, dass das Dokument zwar den Arbeitstitel „Bußgeldkatalog" weiter tragen, jedoch in Form eines wachsenden Leitfadens auf den Weg gebracht werden soll. Einige Grundsätzlichkeiten sollen die praktische Anwendung aber erleichtern und konkretisieren:

Vorgesehen ist eine Präambel, die eine Verpflichtung zur Anwendung enthält. Es sind Aussagen zu Bemessungsgrundlagen aufzunehmen (z. B. erstmaliger vs. wiederholter Verstoß, Berücksichtigung von Vorsatz und Fahrlässigkeit, Berücksichtigung der wahren Verantwortlichkeit zur Vermeidung von Bauernopfern und Abschöpfung des wirtschaftlichen Vorteils).

Die Bemessung der Bußgelder muss mit dem Ziel einer bundesweiten Akzeptanz erfolgen. Eine Erhebung des Verwaltungshandelns auf breiter Basis an der Basis kann der einzig zukunftsträchtige Weg sein. Der Bund hat sich im Ergebnis der Diskussion bereit erklärt, in einem bundesweiten Projekt eine unabhängige Sachstandsermittlung in den Ländern zu beauftragen. Damit ist ein wichtiges Anliegen der Länder erfüllt und die Länder haben ihre Mitarbeit auch zugesagt. Geplant sind Befragungen auf allen Vollzugsebenen. Von dem Ergebnis dieser Studie wird es dann abhängen, ob und wenn ja wie die Etablierung eines bundesweiten Leitfadens gelingen kann. Bis dahn wird sicher noch etwas Zeit vergehen und es gilt, von allen Seiten weiterhin kooperativ zu bleiben und offen zu kommunizieren. Über die Einbindung von Verbänden und Interessensgruppen zur Erhöhung der Akzeptanz sollte in einem späteren Stadium nachgedacht werden.

Behördliche Maßnahmen bei Verstößen und Verdachtsfällen – was folgt aus Art. 137, 138 der neuen Kontrollverordnung?

Prof. Dr. Markus Möstl, Bayreuth[*]

Schon das Verhältnis von Art. 54 der alten Kontrollverordnung zu § 39 Abs. 2 LFGB hat vielerlei Streitfragen aufgeworfen. Neu stellen sich diese Fragen, wenn ab dem 14.12.2019 die neuen Art. 137, 138 der neuen Kontrollverordnung zur Anwendung gelangen. Der Beitrag greift diese Problematik auf und versucht, Lösungen aufzuzeigen.

I. Einleitung: Gegenstand und Problematik

Der Beitrag handelt von § 39 Abs. 2 LFGB in seiner gegenwärtigen[1] und möglicherweise zu reformierenden[2] Fassung, von Art. 54 der alten Kontrollverordnung,[3] deren Geltung im Dezember 2019 ausläuft, und von Art. 137, 138 der neuen Kontrollverordnung,[4] die ab dem 14.12.2019 an die

---

1 Fassung der Bekanntmachung vom 3. Juni 2013 (BGBl. I S. 1426), zuletzt geändert durch Artikel 1 des Gesetzes vom 24. April 2019 (BGBl. I S. 498).
2 Ein Referentenentwurf zur Anpassung an die neue Kontrollverordnung lag bis Oktober 2019 nicht vor. Nötig ist eine Anpassung schon deswegen, weil z. B. § 39 Abs. 2 Satz 3 LFGB gegenwärtig noch auf die alte Kontrollverordnung verweist. Siehe jetzt BT-Drs. 19/25319, S. 2, 36, 51 f.
3 Verordnung (EG) Nr. 882/2004 vom 29.4.2004 über amtliche Kontrollen zur Überprüfung der Einhaltung des Lebensmittel- und Futtermittelrechts sowie der Bestimmungen über Tiergesundheit und Tierschutz, ABl. L 165, S. 1.
4 Verordnung (EU) 2017/625 vom 15.3.2017 über amtliche Kontrollen und andere amtliche Tätigkeiten zur Gewährleistung der Anwendung des Lebens- und Futtermittelrechts und der Vorschriften über Tiergesundheit, Tierschutz, Pflanzengesundheit und Pflanzenschutzmittel (...), ABl. L 95 S. 1; allgemein zur neuen KontrollVO: *Girnau*, Die Auswirkungen der neuen EU-Kontrollverordnung auf die Lebensmittelunternehmen, S. 23 ff. sowie *Preuß*, Auswirkungen der neuen Kontroll-VO (EU) 2017/625 auf die amtliche Lebensmittelkontrolle, S. 47 ff., beide in: Ver-

---

[*] Prof. Dr. Markus Möstl ist Direktor der Bayreuther Forschungsstelle für Deutsches und Europäisches Lebensmittelrecht (FLMR) und Inhaber des Lehrstuhls für Öffentliches Recht und Wirtschaftsrecht an der Universität Bayreuth. Die vorliegende Aufsatzfassung des Vortrags, den der Verfasser am 16.10.2019 auf dem 18. Herbstsymposium der FLMR (Maßnahmen und Sanktionen im Lebensmittelrecht) gehalten hat, ist auch in ZLR 2019, 770 erschienen. Der Beitrag ist inhaltlich auf dem Stand Oktober 2019. Kurz vor Drucklegung ist Ende 2020 der Entwurf eines Vierten Gesetzes zur Änderung des LFGB (BT-Drs. 19/25319) in den Bundestag eingebracht worden, durch das § 39 LFGB an die neue Kontrollverordnung angepasst werden soll. Diese Änderungen sind u. a. Gegenstand des FLMR-Symposiums vom 11./12.2.2021, zu dem ein eigener Tagungsband erscheinen wird.

Stelle des alten Art. 54 treten[5]. Es sind die zentralen Befugnisnormen der Überwachungsbehörden für Maßnahmen, die diese bei festgestellten oder vermuteten Verstößen gegen das Lebensmittelrecht ergreifen. § 39 Abs. 2 LFGB regelt sehr breit sowohl die Beseitigung festgestellter Verstöße (Alt. 2) als auch die Verhütung künftiger Verstöße (Alt. 3), das Vorgehen bei Verdacht eines Verstoßes (Alt. 1) und schließlich (normverstoßunabhängig) sonstige Fälle der Gefahrenabwehr zum Schutz der Gesundheit und vor Täuschung (Alt. 4); jeweils sind mit Auswahlermessen die erforderlichen Maßnahmen zu ergreifen, für die sich dann in Satz 2 eine nicht abschließende Liste findet; Art. 54 der Kontrollverordnung soll unberührt bleiben (Satz 3).[6] Art. 54 der alten KontrollVO ist ähnlich aufgebaut, aber tatbestandlich enger: Er knüpft allein an die Fallgruppe festgestellter Verstöße an und schafft dann eine Befugnis, mittels erforderlicher Maßnahmen für Abhilfe zu sorgen; ein beispielhafter Maßnahmenkatalog folgt in Abs. 2; für die Entscheidung werden bestimmte materielle (Abs. 1 Satz 2) und prozedurale (Abs. 3) Maßgaben formuliert. Art. 137, 138 der neuen KontrollVO sind regelungstechnisch weiter: Art. 137 Abs. 1 stellt klar, dass die nachfolgenden Normen, so sehr sie als Reaktion auf Rechtsverstöße konzipiert sind, doch vorrangig präventiven Charakter haben[7]; Art. 137 Abs. 2, 3 regeln – in dieser Form neu[8] –, was bei einem Verdacht eines Verstoßes zu tun ist; hier ist zunächst Gefahrerforschung angesagt („Untersuchungen..., um diesen Verdacht zu erhärten oder auszuräumen"); ausnahmsweise können aber wohl auch vorläufige Gefahrenabwehrmaßnahmen in Betracht kommen, wie die in Abs. 3 lit. b geregelte Sicherstellungsbefugnis zeigt.[9] Art. 138 regelt – wie bislang Art. 54 – was bei einem festgestellten Verstoß zu passieren hat, stellt dabei aber klarer als bislang, dass es hierbei nicht nur um die Beendigung des festgestellten Verstoßes selbst, sondern auch um die Verhütung „erneuter Verstöße dieser Art" geht; ein erweiterter beispielhafter Maßnahmenkatalog (Abs. 2) sowie bereits von Art. 54 bekannte Regelungen (Abs. 1 Satz 2, Abs. 3 ff.) schließen sich an.

---

ein zur Förderung der Marburger Forschungsstelle für Lebensmittelrecht (Hrsg.), Standards und Kontrolle, 2018.
5 Art. 167 KontrollVO neu.
6 Vgl. z. B. die Kommentierungen zu § 39 LFGB von *Meyer*, in: ders./Streinz, LFGB – BasisVO – HCVO, 2. Aufl. 2012; *Wehlau*, LFGB, 2010; *Rathke*, in: Zipfel/Rathke, Lebensmittelrecht, LFGB, 173. EL.
7 Dass reaktiv an Normverstöße angeknüpft wird, sollte daher nicht dazu verleiten, die Maßnahmen als „repressiv" zu bezeichnen (so aber *Meyer*, in: ders./Streinz, LFGB, 2. Aufl. 2012, § 39 LFGB, Rn. 1, 12). Vielmehr bleibt es bei einer präventiven (auf Unterbindung der Störung und Verhütung künftiger Verstöße und damit ggf. auch dem präventiven Schutz der Gesundheit dienenden) Stoßrichtung.
8 Von einer „neuen Bestimmung" spricht der Kommissionsvorschlag, COM (2013) 265 final, S. 17.
9 Vgl. insoweit § 39 Abs. 2 Satz 2 Nr. 5 LFGB.

Das große Problem ist nun, in welchem Verhältnis diese – sich vielfach überschneidenden – Befugnisnormen zueinander stehen: Soll die europäische Norm gelten, oder die nationale, oder beide? In welchem Maß ist neben der europäischen Befugnisnorm überhaupt noch Raum für die nationale Regelung des § 39 Abs. 2 LFGB? Schon 2015 ist die Bewältigung dieses Nebeneinanders europäischer und deutscher Befugnisnormen in einem ZLR-Aufsatz zu Recht als eine „Kernfrage der Durchführung von EU-Recht" bezeichnet worden.[10] Und ein aktueller ZLR-Aufsatz aus dem Jahr 2018 wirft den deutschen Behörden vor, gewohnheitsmäßig nach wie vor § 39 LFGB anzuwenden, obwohl diese Norm in Bezug auf Lebensmittel schon jetzt und erst recht künftig vollständig von der KontrollVO verdrängt und damit obsolet sei.[11] Freilich: Die wohl h. M. ist differenzierter und besagt, dass zwar bei festgestellten Verstößen in der Tat Art. 54 KontrollVO vorrangig anzuwenden sei, dass aber bei allen übrigen Fallgruppen des § 39 Abs. 2 LFGB, namentlich auch bei Verdachtsfällen, die deutsche Norm maßgeblich bleibe, da Art. 54 diese Fälle nicht regle.[12] Unstreitig ist das aber nicht: Das Meinungsspektrum reicht von der Ansicht, § 39 LFGB sei völlig verdrängt,[13] bis zur Gegenansicht, Art. 54 KontrollVO sei ein bloßer, nicht unmittelbar anwendbarer Rahmen, so dass es durchgängig beim nationalen Recht bleibe.[14] Und selbst soweit der h. M. (nur teilweise Verdrängung) gefolgt wird, ist streitig, wie weit diese genau reicht: Die h. M. sieht bei Verdachtsfällen allein § 39 LFGB (Abs. 2 Satz 1 Alt. 1) als maßgeblich an, die MM hält auch diesen Fall für von Art. 54 KontrollVO erfasst;[15] die in § 39 Abs. 2 Satz 1 Alt. 4 LFGB vorgesehene Auffangbefugnis für eine auch normverstoßunabhängige Gefahrenabwehr hält das OVG Nds. für wichtig,[16] andere halten sie für überflüssig.[17] Die Praxis scheint ungeachtet dieser Meinungsverschiedenheiten weiterhin sowieso vor allem § 39 LFGB anzuwenden und kommt damit auch deswegen relativ ungeschoren davon, weil die Rspr. den Behörden im Falle eigentlich vorrangiger Anwendbarkeit des Art. 54 KontrollVO wegen dessen inhaltlichen Gleichlaufs weitgehend den nachträglichen Austausch der Rechtsgrundlage gestattet, so dass die Frage letztlich nicht

---

10 *Busse*, ZLR 2015, 302/303.
11 *Zechmeister*, ZLR 2018, 624/635.
12 Siehe z. B. *Meisterernst*, Lebensmittelrecht, 2019, § 7, Rn. 14 f., 26 m. w. N.; BVerwG, ZLR 2016, 407/410 ff.
13 *Zechmeister*, ZLR 2018, 624/635.
14 So die These bei *Busse*, ZLR 2015, 302/307.
15 Für die h. M.: *Meisterernst*, Lebensmittelrecht, 2019, § 7, Rn. 14 f., 26 m. w.N; *Preuß*, ZLR 2011, 47 ff.; für die MM: *Joh/Krämer/Teufer*, ZLR 2010, 243 ff.; *Zechmeister*, ZLR 2018, 624 ff.
16 OVG Nds, ZLR 2014, 218/226 f.
17 *Rathke*, in: Zipfel/Rathke, LFGB, § 39, Rn. 23; *Wehlau*, LFGB, 2010, § 39, Rn. 20; *Boch*, LFGB, 7. Online-Aufl. 2018, § 39, Rn. 6.

streitentscheidend ist.[18] Schon bislang (unter der alten KontrollVO) ist also vieles ungeklärt, noch viel mehr wird dies gelten, wenn erst die neue KontrollVO in Geltung getreten ist; denn deren Art. 137, 138 haben, wie bereits gesehen, einen anderen, breiteren Anwendungsbereich als Art. 54 der alten VO, so dass die Frage nach dem Verhältnis von § 39 Abs. 2 LFGB zum Unionsrecht ganz neu zu beantworten ist.[19] Hierzu in einer Phase, in der die Diskussion noch ganz am Anfang ist, einen Beitrag zu leisten, ist Ziel dieses Beitrags.

Dies soll in zwei Abschnitten geschehen: Zunächst soll – freilich stets bereits mit einem Seitenblick auf die hier interessierenden Normen – allgemein zum schwierigen Verhältnis europäischer und nationaler Befugnisnormen Stellung genommen werden; zu diesem Thema habe ich bereits an anderer Stelle grundlegende Thesen entwickelt;[20] hier gilt es v. a., das damals Entwickelte zusammenzufassen (siehe unten 2.). Sodann soll anhand der verschiedenen Fallgruppen des § 39 Abs. 2 LFGB im Einzelnen untersucht werden, welch eigenständige Berechtigung diese künftig neben der KontrollVO noch zu entfalten imstande sind; von Interesse ist dies sowohl für den Fall, dass § 39 LFGB bleibt, wie er ist, denn für diesen Fall ist für die künftige Rechtsanwendung zu klären, inwieweit er durch die neue KontrollVO verdrängt werden wird, als auch für den Fall, dass der Gesetzgeber ihn an die neue Rechtslage anpasst, denn für diesen Fall ist zu klären, welche Fallgruppen künftig (wegen unionsrechtlicher Regelung) wegfallen können und welche nationalen Regelungen andererseits auch künftig (flankierend und ergänzend) unverzichtbar sind und gerade nicht aufgehoben werden sollten (siehe unten 3.).

II. Allgemeines zum Verhältnis von europäischen und deutschen Befugnisnormen

In vier Schritten sollen zunächst einige allgemeine Regeln zum Verhältnis von europäischen und nationalen Befugnisregelungen entwickelt werden:

Erstens: Ausgangspunkt der Überlegungen hat es zu sein, dass es normalerweise in die Gesetzgebungskompetenz der Mitgliedstaaten fällt, ihrer Verwaltung diejenigen Befugnisnormen an die Hand zu geben, die sie zur Kontrolle der Einhaltung und Durchsetzung des Unionsrechts benötigt. Man nennt

---

18 BVerwG, ZLR 2016, 407/412; OVG Nds, ZLR 2015, 762 ff.; OVG NRW, ZLR 2015, 219 ff. Anders im kosmetikrechtlichen Bereich für das Verhältnis von § 39 Abs. 2 LFGB und Art. 25 KosmetikVO (der von einer anderen Regelungssystematik geprägt ist als § 39 LFGB, so dass gerade kein inhaltlicher Gleichlauf besteht), allerdings VG Freiburg, ZLR 2018, 701/703 f., dazu *Zechmeister*, ZLR 2018, 624/634, zur hier geschilderten Praxis im Lebensmittelrecht zuvor S. 628.
19 So zu Recht *Meisterernst*, Lebensmittelrecht, 2019, § 7, Rn. 15; Fn. 11.
20 *Möstl*, Europäische Befugnisnormen als Herausforderung für die deutsche Verwaltung, in: ders. (Hrsg.), Rechtsdurchsetzung im Lebensmittelrecht, 2018, 47 ff. m. w. N.

diesen Grundsatz Verwaltungsautonomie bzw. verfahrensmäßige Autonomie der Mitgliedstaaten.[21] Für das Lebensmittelrecht wird dieser Grundsatz und Ausgangspunkt besonders bekräftigt durch Art. 17 Abs. 2 BasisVO, wonach es den Mitgliedstaaten obliegt, das Lebensmittelrecht durchzusetzen und hierbei auch diejenigen Maßnahmen normativ festzulegen, die bei Verstößen gegen das Lebensmittelrecht zu ergreifen sind.[22]

Zweitens: Diesen Grundsatz durchbrechende europäische Befugnisregelungen, wie diejenigen der KontrollVO, sind dadurch indes nicht von vornherein ausgeschlossen, sondern können von der (binnenmarktlichen) Sachgesetzgebungskompetenz der EU (Art. 114 AEUV) mitumfasst sein, soweit einheitliche Befugnisregelungen zur Gewährleistung einer unionsweiten Mindesteffektivität des Vollzugs erforderlich sind.[23] Von diesem Ziel ist namentlich die KontrollVO getragen.[24] Sind solche Befugnisregelungen nicht in umsetzungsbedürftigen Richtlinien, sondern in (unmittelbar gültiger) Verordnungsform geregelt und haben sie überdies einen vollzugsfähigen Inhalt, spricht auch nichts dagegen, sie im Zweifel als unmittelbar anwendbare, echte Befugnisnormen anzusehen, auf die die deutschen Behörden unmittelbar zurückgreifen können und müssen.[25] Zu Recht haben die Gerichte daher Art. 54 der alten KontrollVO in seinem Anwendungsbereich (im Zweifel zu Lasten des § 39 LFGB) als für die deutschen Behörden unmittelbar verbindlich und anwendbar angesehen;[26] nichts anderes wird für die noch einmal ausführlicheren Befugnisregelungen der Art. 137 f. der neuen KontrollVO gelten.

Drittens: Europäische Befugnisregelungen, so unmittelbar verbindlich sie auch sein mögen, entfalten im Zweifel keine Sperrwirkung dahingehend, dass der nationale Gesetzgeber daran gehindert wäre, *außerhalb* ihres tatbestandlichen Anwendungsbereichs zusätzliche und weitergehende Befugnisnormen zu schaffen.[27] Zwar verbieten sich pauschale Antworten, alles hängt davon ab, wie abschließend eine Harmonisierung jeweils sein will; und es ist durch-

---

21 *Möstl*, Europäische Befugnisnormen als Herausforderung für die deutsche Verwaltung, in: ders. (Hrsg.), Rechtsdurchsetzung im Lebensmittelrecht, 2018, 47 m. w. N.
22 Vgl. den Wortlaut von Art. 17 Abs. 2 UAbs. 3 BasisVO: „Außerdem legen sie" (die Mitgliedstaaten) „Vorschriften für Maßnahmen und Sanktionen bei Verstößen gegen das Lebensmittel- und Futtermittelrecht fest".
23 *Möstl*, Europäische Befugnisnormen als Herausforderung für die deutsche Verwaltung, in: ders. (Hrsg.), Rechtsdurchsetzung im Lebensmittelrecht, 2018, 47/55 m. w. N.; *Gundel*, in: Schulze/Zuleeg/Kadelbach, Europarecht, 3. Aufl. 2015 (4. Auflage 2019), § 3 Rn. 68.
24 Vgl. Erwägungsgründe 6 f., 41 ff. der VO (EG) Nr. 882/2004 und Erwägungsgründe 15 ff., 88 f. der VO (EU) 2017/625.
25 *Möstl*, Europäische Befugnisnormen als Herausforderung für die deutsche Verwaltung, in: ders. (Hrsg.), Rechtsdurchsetzung im Lebensmittelrecht, 2018, 47/55 f. m. w. N.
26 Siehe oben Fn. 17.
27 *Möstl*, Europäische Befugnisnormen als Herausforderung für die deutsche Verwaltung, in: ders. (Hrsg.), Rechtsdurchsetzung im Lebensmittelrecht, 2018, 47/56 f. m. w. N.

aus vorstellbar, dass eine europäische Norm den Ausgleich von Vollzugs- und Unternehmerinteressen so abschließend regeln will, dass ihr Befugnisregime nicht mehr ergänzungsfähig ist. Im Regelfall wird man das aber nicht annehmen können; dagegen spricht schon die in Art. 17 Abs. 2 BasisVO bekräftigte Ausgangsvermutung für die Kompetenz der Mitgliedstaaten; und auch die für die Union kompetenzeröffnende Motivation, mittels Befugnisregelungen für eine Mindesteffektivität des Vollzugs zu sorgen, spricht nicht für eine Sperrwirkung gegen zusätzliche nationale Normen, die die Vollzugseffektivität weiter steigern.[28] Zu Recht hat die bisher h. M.[29] in Bezug auf Art. 54 KontrollVO a. F. daher nicht gezögert, außerhalb des von ihm geregelten Anwendungsbereichs (der allein bei festgestellten Verstößen greift) Raum für nationale Regelungen in § 39 LFGB zu sehen, die auch bei anderen Fallgruppen (z. B. in bloßen Verdachtsfällen) greifen.[30] Nichts anderes gilt auch für Art. 137, 138 der neuen KontrollVO; zwar regeln diese, wie zu zeigen sein wird, mehr Fallgruppen als der alte Art. 54, namentlich erstmals auch den bloßen Verdachtsfall, so dass das Verhältnis im Einzelnen neu zu bestimmen sein wird. Auch bei Art. 137, 138 der neuen KontrollVO indes verbleibt, wie wir ebenfalls sehen werden, Lückenschließungsbedarf; und soweit dieser besteht, bleibt auch Raum für weitergehende Regelungen in § 39 LFGB. Auch Art. 137, 138 der neuen KontrollVO erheischen auf diese Weise, auch wenn ihr Regelungsanspruch umfassender ist als vormals, nach wie vor nicht den Charakter einer abschließenden Vollregelung. Die Erwägungsgründe drücken das dadurch aus, dass sie nach wie vor von einem harmonisierten „Unionsrahmen" für amtliche Kontrollen sprechen[31] – ein Rahmen, der als solcher (im Sinne einheitlicher Mindestbedingungen) zwar verbindlich sein soll, den Mitgliedstaaten aber nach hier vertretener Ansicht nicht jeglichen Raum für ergänzendes und weitergehendes Recht außerhalb des EU-rechtlich geregelten Bereichs abschneiden möchte.

Viertens: Schwieriger zu beantworten ist die Frage, welche Regelungsbefugnisse dem nationalen Gesetzgeber ggf. *im* tatbestandlichen Anwendungsbereich einer unmittelbar anwendbaren europäischen Befugnisregelung verbleiben. Der traditionelle Ausgangspunkt zu dieser Frage – das sog. Normwiederholungsverbot, das dem nationalen Gesetzgeber jegliche Regelungsbefugnis nähme – kann dabei in Bezug auf Befugnisregelungen des EU-Verordnungsrechts

---

28 Dergleichen ist auch im nationalen Bundesstaatsrecht bekannt, wo im LFGB die (durch das Bundesgesetz nicht gesperrte) Residualkompetenz der Länder zur Schaffung weitergehender Normen z. T. sogar mehrfach bekräftigt wird (§§ 39 Abs. 7a, 48 LFGB).
29 Auf einer Linie mit anderen vergleichbaren Fällen, für Art. 10 BasisVO z. B. EuGH vom 11.4.2013 – Rs. C-636/11 (Fall Berger).
30 Siehe oben Fn. 15.
31 Erwägungsgrund 19 der neuen KontrollVO. Weitergehend (zur alten KontrollVO): *Busse*, ZLR 2015, 302/307, 313.

als weitgehend überwunden gelten; vielmehr darf der nationale Gesetzgeber, wenn er dies möchte, wie ich ebenfalls bereits in meiner früheren Untersuchung aufzuzeigen versucht habe, unmittelbar anwendbare europäische Befugnisnormen in seinem Recht regelmäßig sowohl wiederholen als auch im Detail ausgestalten oder sogar konkretisieren, solange er den unionsrechtlichen Geltungsgrund der Befugnis nicht verschleiert und ihre praktische Wirksamkeit nicht beeinträchtigt.[32] Dass dies so ist, liegt nicht allein an dem oben geschilderten Umstand, dass europäische Befugnisnormen regelmäßig der Ergänzung um zusätzliche und weitergehende nationale Befugnisse bedürfen, denn es ist schon seit längerem anerkannt, dass im Interesse einer kohärenten Gesamtregelung der nationale Gesetzgeber das unionsrechtlich Vorgegebene auch wiederholen darf, um es sodann um zusätzliche Regelungen zu ergänzen.[33] Entscheidend ist vielmehr ein Funktionswandel der Verordnung an sich, die um ihrer unmittelbaren Anwendbarkeit willen immer mehr an die Stelle früherer Richtlinien tritt, zugleich aber inhaltlich den Charakter einer bloßen Rahmenregelung behält, die auch innerhalb ihres unmittelbar anwendbaren Regelungsbereichs für flankierendes und ggf. konkretisierendes nationales Umsetzungsrecht offen ist.[34] So ist es auch hier: Europäische Befugnisregelungen bedürfen regelmäßig der Einpassung in das System des nationalen Verwaltungsrechts; z.B. die Regelung des § 39 Abs. 7 LFGB zum Entfall der aufschiebenden Wirkung, die nach der Rspr. auch auf die Befugnisse der KontrollVO anwendbar ist,[35] wäre hier zu nennen; bereits die Notwendigkeit solch flankierenden nationalen Ergänzungsrechts rechtfertigt aber die Normwiederholung. Hinzu kommt, dass der EuGH jüngst im Falle auslegungsbedürftigen Verordnungsrechts sogar die nationale Konkretisierung gestattet hat, solange diese einerseits die Wirksamkeit der Norm nicht schmälert und andererseits verhältnismäßig ist.[36] Der von der europäischen Befugnisnorm gezogene Rahmen hinsichtlich Effektivität des Vollzugs einerseits und Freiheitsinteressen des Unternehmers andererseits darf, soweit ihr durch Tatbestand und Rechtsfolge determinierte Anwendungsbereich reicht, also nicht verlassen werden, innerhalb dieses Rahmens sind Normwiederholungen, Flankierungen und ggf. sogar Konkretisierungen zulässig, solange der unionsrechtliche Geltungsgrund der Norm offengelegt[37] und nicht beeinträchtigt wird. Ist der nationale Gesetzgeber mit einer unionsrechtlichen Befugnisnorm wie künftig Art. 137 f. KontrollVO n. F. konfrontiert, ist er deswegen frei darin, inwieweit er im Blick

---

32 *Möstl*, Europäische Befugnisnormen als Herausforderung für die deutsche Verwaltung, in: ders. (Hrsg.), Rechtsdurchsetzung im Lebensmittelrecht, 2018, 47/57 ff., 59 ff. m. w. N.; *Gundel*, EuZW 2018, 739 f.
33 *Ruffert*, in: Callies/Ruffert, EUV/AEUV, 5. Aufl. 2016, Art. 288 AEUV, Rn. 20.
34 Instruktiv dazu: *Gundel*, EuZW 2018, 739 f. m. w. N. zu EuGH vom 12.4.2018 – C-541/16.
35 OVG Hamburg, ZLR 2011, 764/767.
36 EuGH vom 12.4.2018 – C-541/16, EuZW 2018, 735, m. Anm. Gundel.
37 Dazu bislang § 39 Abs. 2 Satz 3 LFGB.

hierauf auf eine eigene Regelung verzichtet oder sich im Gegenteil für eine (ihren Geltungsgrund offenlegende) Wiederholung der Norm entscheidet, die ggf. auch flankierende Ergänzungen oder sogar Konkretisierungen enthalten kann. Besonders zu betonen sind aber die Grenzen eines solchen Normwiederholungsrechts.[38] Die nationale Norm darf sich niemals in Widerspruch zur unionsrechtlichen Befugnisnorm setzen, d.h. sie muss ggf. unionsrechtskonform angewendet werden, um ihre Wirksamkeit nicht zu beeinträchtigen. Dem nationalen Gesetzgeber bleibt also Spielraum für Normwiederholungen (einschließlich flankierender Regelungen), ein substantieller eigenständiger Regelungsspielraum, der in irgendeiner Weise zur Abweichung von EU-Recht berechtigte, folgt hieraus (im Anwendungsbereich der EU-Norm) indes nicht.

III. Was folgt hieraus für die Zukunft des § 39 LFGB (de lege lata und ferenda)?

Was folgt aus all dem für die Zukunft des § 39 Abs. 2 LFGB? Gehen wir die in ihm geregelten Fallgruppen im Einzelnen durch.

1. Fallgruppe 1: Festgestellte Verstöße

Beginnen wir mit der Fallgruppe der „Beseitigung festgestellter Verstöße" (§ 39 Abs. 2 Satz 1 Alt. 2 LFGB). Art. 54 der alten und Art. 138 der neuen KontrollVO, die genau diesen Fall regeln, sind insoweit unmittelbar anwendbar und voll zu beachten; dies verlangt auch § 39 Abs. 2 Satz 3 LFGB; ebenso entspricht es der h. M.[39]; die Unionsnorm ist richtigerweise also zumindest mit als Rechtsgrundlage anzugeben. Eine andere Frage ist, ob § 39 LFGB dadurch völlig verdrängt ist; nach dem Gesagten[40] ist dies nicht der Fall; nationale Normwiederholungen bleiben zulässig, solange sie ihren unionsrechtlichen Geltungsgrund nicht verschleiern und den durch ihn gezogenen Rahmen einhalten. So liegen die Dinge auch hier: § 39 Abs. 2 Satz 3 LFGB verweist ausdrücklich auf den unionsrechtlichen Geltungsgrund.[41] Unions- und nationales Recht knüpfen an den gleichen Tatbestand an – den festgestellten Verstoß (also eine Sachlage, in der zur Überzeugung der Behörde feststeht, dass der objektive Tatbestand einer Verbotsnorm erfüllt ist[42]). Sie setzen (wenngleich mit unterschiedlichen Worten) auch die gleiche Rechtsfolge, nämlich die Ver-

---

38 *Möstl*, Europäische Befugnisnormen als Herausforderung für die deutsche Verwaltung, in: ders. (Hrsg.), Rechtsdurchsetzung im Lebensmittelrecht, 2018, 47/63 f. m. w. N.
39 Siehe oben bei Fn. 12 ff.
40 Siehe oben bei Fn. 32 ff.
41 Freilich sollte die Norm an die neue KontrollVO angepasst werden.
42 *Rathke*, in: Zipfel/Rathke, LFGB, § 39, Rn. 10, 64; *Boch*, LFGB, 7. Online-Aufl. 2018, § 9, Rn. 5.

fügung von Maßnahmen der Abhilfe (Art. 54 KontrollVO a. F.), der Beendigung (Art. 138 Abs. 1 lit. b KontrollVO n. F.[43]) bzw. der Beseitigung (§ 39 Abs. 2 Satz 1 LFGB) des Verstoßes; gemeint ist damit – in der Sprache des deutschen Polizeirechts[44] – zuallererst die Unterbindung der eingetretenen Störung sowie ggf. die Rückgängigmachung ihrer Folgen.[45] Hierzu wird jeweils[46] eine beispielhafte Liste möglicher Maßnahmen normiert und Auswahlermessen eingeräumt; die bei der Ermessensbetätigung nach Unionsrecht besonders zu beachtenden Punkte (Art des Verstoßes und Vorverhalten des Unternehmers[47]) entsprechen dem, was auch nach deutschem Recht unter Verhältnismäßigkeitsgesichtspunkten ohnehin zu prüfen wäre.[48] Allein in formaler Hinsicht ergibt sich ein kleiner Unterschied: § 39 LFGB-Maßnahmen könnten an sich auch mündlich ergehen,[49] die KontrollVO (Art. 54 Abs. 3 a. F., Art. 138 Abs. 3 n. F.) verlangt dagegen Schriftlichkeit (es mag sein, dass hierfür die nachträgliche Verschriftlichung einer mündlichen Anordnung ausreicht; auch insoweit ergibt sich jedoch ein Unterschied zum deutschen Recht, da diese Verschriftlichung nach Unionsrecht zwingend ist, nach deutschem Recht hingegen nur fakultativ verlangt werden kann [§ 37 Abs. 2 Satz 2 VwVfG]); das Unionsrecht muss sich hier durchsetzen, denn im Anwendungsbereich einer EU-Befugnisnorm (hier: bei festgestelltem Verstoß) kann das nationale Recht nicht von Vorgaben dispensieren, die das Unionsrecht zwingend vorgibt.[50] Für den deutschen Gesetzgeber folgt aus alledem: Wegen des weitgehenden Gleichlaufs von KontrollVO und § 39 Abs. 2 LFGB in der Fallgruppe „Beseiti-

---

43 Dass Art. 138 Abs. 1 lit. a ggf. auch Maßnahmen weiterer Gefahrerforschung als mögliche Rechtsfolge nennt, steht in keinem Widerspruch zu § 39 Abs. 2 LFGB, dessen Satz 2 (z. B. in Nr. 1) solche Maßnahmen ebenfalls als zulässige Rechtsfolge kennt.
44 Vgl. z. B. Art. 11 Abs. 2 Nr. 1, 2 BayPAG.
45 Die primäre Stoßrichtung der Unterbindung der Störung (Abstellen des ggf. andauernden Normverstoßes) wird in der Kommentarliteratur z. T. übersehen, wenn allein auf die Folgen abgestellt wird, z. B. *Rathke*, in: Zipfel/Rathke, LFGB, § 39, Rn. 21.
46 Art. 54 Abs. 2 KontrollVO a. F., Art. 138 Abs. 2 KontrollVO n. F., § 39 Abs. 2 Satz 2 LFGB.
47 Art. 54 Abs. 1 Satz 2 KontrollVO a. F., Art. 138 Abs. 1 Satz 2 KontrollVO n. F.
48 *Rathke*, in: Zipfel/Rathke, LFGB, § 39, Rn. 73. Ein Fall, in dem diese Gesichtspunkte nicht gebührend beachtet werden (und in dem nach Ansicht von *Zechmeister*, ZLR 2018, 624/628, ein nachträglicher Austausch der Rechtsgrundlagen ausscheiden soll), dürfte daher von Rechts wegen nicht eintreten.
49 *Wehlau*, LFGB, 2010, § 39, Rn. 35.
50 Das nationale Recht (soweit es entgegen der KontrollVO Mündlichkeit erlauben würde), ist insoweit als gesperrt anzusehen (unionsrechtskonforme Reduktion). Eine andere Frage ist es, ob nach der – unionsrechtlich nicht determinierten, also außerhalb des Anwendungsbereichs der KontrollVO stehenden – Fallgruppe der normverstoßunabhängigen Gefahrenabwehr (§ 39 Abs. 1 Satz 1 Alt. 4 LFGB) ein mündlicher VA ergehen dürfte (dazu unten 3. d.). Der von Zechmeister (ZLR 2018, 634/628 f.) erwogene Fall, dass bei einem mündlichen VA als Reaktion auf einen festgestellten Verstoß ein nachträglicher Austausch der Rechtsgrundlage (KontrollVO statt § 39 LFGB) ausscheiden soll, darf von Rechts wegen also nicht eintreten. Zur notwendigen Schriftlichkeit auch *Rathke*, in: Zipfel/Rathke, LFGB, § 39, Rn. 63.

gung festgestellter Verstöße" könnte er künftig auf eine eigene Normierung verzichten und schlicht auf das Unionsrecht verweisen. Er muss dies jedoch nicht, darf die Unionsnorm im nationalen Recht auch wiederholen und könnte insoweit an § 39 Abs. 2 LFGB festhalten. Solange § 39 Abs. 2 LFGB weitergilt, ist dieser für die deutschen Behörden in der Fallgruppe „Beseitigung festgestellter Verstöße" künftig freilich stets allein „in Verbindung mit" Art. 138 der neuen KontrollVO anzuwenden; dessen Vorgaben (Bsp. Schriftlichkeitsgebot) sind in jedem Fall voll zu beachten und können nötigenfalls zu einem partiellen Zurücktreten des deutschen Rechts führen, das ansonsten – d. h. im Bereich inhaltlichen Gleichlaufs – jedoch in Verbindung mit diesem gültig bliebe.

2. Fallgruppe 2: Verhütung künftiger Verstöße

Etwas komplexer liegen die Dinge, soweit es um die Fallgruppe der „Verhütung künftiger Verstöße" (§ 39 Abs. 2 Satz 1 Alt. 3 LFGB) geht. Bislang wurde oft angenommen, dieser Fall sei von Art. 54 KontrollVO a. F. nicht erfasst, so dass das LFGB (allein) maßgeblich bleibe.[51] Schon für das bisherige Recht habe ich Zweifel, ob das richtig ist; erst recht kann es für die neue KontrollVO nicht mehr gelten. Denn schon bisher hieß „Abhilfe" i. S. d. Art. 54 KontrollVO a. F., die auf der Basis einer vom bisherigen Unternehmensverhalten ausgehenden Prognose[52] zu Maßnahmen bis hin zur Betriebsschließung reichen kann[53], ja nicht etwa nur die Unterbindung des gegenwärtigen Verstoßes, sondern sehr wohl auch die Verhütung künftiger Verstöße. Erst recht stellt Art. 138 Abs. 1 lit. b der neuen KontrollVO nunmehr ausdrücklich klar, dass auch „erneute Verstöße dieser Art" verhindert werden sollen. Die Dimension der Verhütung künftiger Verstöße ist von der KontrollVO demnach erfasst. Wenn die Verhütung künftiger Verstöße aber dem Anwendungsbereich der Art. 54 alt und Art. 138 neu KontrollVO unterfällt, dann folgt daraus eine ganz entscheidende Konsequenz: Tatbestandlich bindet die Unionsnorm die Verhütung künftiger Verstöße nämlich daran, dass ein Verstoß festgestellt wurde; ohne eine solche Feststellung ist die Verhütung von Verstößen nicht zulässig.[54] Hieran ist auch der deutsche Gesetzgeber gebunden. Dies zu be-

---

51 In diese Richtung: *Meyer*, in: ders./Streinz, LFGB, 2. Aufl. 2012, § 39, Rn. 1, 12; *Meisterernst*, Lebensmittelrecht, 2019, § 7, Rn. 15 (beide jedenfalls für den Fall, dass nicht bereits ein Verstoß vorausgegangen ist).
52 Art. 54 Abs. 1 Satz 1 KontrollVO a. F.
53 Art. 54 Abs. 2 KontrollVO a. F.
54 So wohl auch *Preuß*, Auswirkungen der neuen Kontroll-VO (EU) 2017/625 auf die amtliche Lebensmittelkontrolle, in: Verein zur Förderung der Marburger Forschungsstelle für Lebensmittelrecht (Hrsg.), Standards und Kontrolle, 2018, S. 47/52: „Wichtig ist, dass alle konkret aufgezählten oder die aufgrund der Generalklausel in Art. 138 Abs. 2 zulässigen sonstigen geeigneten Maßnahmen nur ergriffen werden dürfen, wenn ein Verstoß festgestellt worden ist".

tonen ist deswegen wichtig, weil es nach deutschem Recht eigentlich anders wäre; Gefahrenabwehr setzt nach deutschem Verständnis in der Dimension der Verhütung künftiger Verstöße nicht zwingend voraus, dass bereits ein Verstoß passiert ist, solange es nur aus anderen Gründen hinreichend wahrscheinlich erscheint, dass es (und sei es auch erstmalig) zu solchen Verstößen kommt; auch § 39 Abs. 2 LFGB ist traditionell so verstanden worden.[55] Das Unionsrecht verfolgt demgegenüber ein anderes normatives Konzept der Gefahrenabwehr; zwar sind auch seine Befugnisnormen, mit denen die Behörde zu Maßnahmen in Bezug auf Rechtsverstöße ermächtigt wird, ihrem Ziel nach präventiv und auf Gefahrenabwehr ausgerichtet (vgl. Art. 137 Abs. 1 KontrollVO n. F.); dogmatisch und von den tatbestandlichen Voraussetzungen sind sie jedoch ausschließlich als Reaktion auf einen bereits festgestellten Verstoß konzipiert, der dann Anlass für ein präventives Vorgehen bietet. Die Mitgliedstaaten können diese Vorgabe nach hier vertretener Ansicht auch nicht einfach dadurch abstreifen und umgehen, dass sie darauf verweisen, sie seien im Verhältnis zum Unionsgesetzgeber doch zum Erlass weitergehender und zusätzlicher Befugnisse imstande; denn dieses Recht greift wie oben (unter 2.) dargelegt nur außerhalb des durch Tatbestand und Rechtsfolge determinierten Regelungsbereichs einer EU-Befugnis; nicht jedoch kann der nationale Gesetzgeber den Vorrang des Unionsrechts dadurch unterlaufen, dass er eine im EU-Recht geregelte und ihrem Anwendungsbereich unterfallende Befugnis und Rechtsfolge (hier zur Verhütung künftiger Verstöße) an andere tatbestandliche Voraussetzungen bindet, als dies das Unionsrecht vorsieht. Freilich entsteht dadurch eine Lücke: Die Verhütung eines erstmaligen Rechtsverstoßes ist auf der Basis des § 39 Abs. 2 Satz 1 Alt. 3 (Verhütung künftiger Verstöße) nicht mehr möglich; wir werden sehen müssen, ob es einen anderen Weg gibt, diese Lücke zu schließen. Für die Fallgruppe „Verhütung künftiger Verstöße" (§ 39 Abs. 2 Satz 1 Alt. 3 LFGB) bleibt es hingegen dabei – so die These –, dass diese – sofern § 39 Abs. 2 LFGB unverändert erhalten bleibt – nur noch nach den Maßgaben den Art. 138 KontrollVO n. F. angewendet werden darf. Alternativ könnte sich der deutsche Gesetzgeber auch entschließen, diesen Bereich nicht mehr selbst zu regeln und allein auf das Unionsrecht zu verweisen.

3. Fallgruppe 3: Verdacht eines Verstoßes

Kommen wir zur Fallgruppe des bloßen „Verdachts eines Verstoßes" (§ 39 Abs. 2 Satz 1 Alt. 1 LFGB). Bislang ging die h. M.[56] zu Recht davon aus, dass Art. 54 der alten KontrollVO diesen Fall nicht regelt, so dass § 39 LFGB allein

---
55 Siehe Fn. 51.
56 Zum Meinungsstand siehe oben Fn. 15.

maßgeblich bleibt; zwar gab es hierzu eine a. A., die aber nicht überzeugt und sich auch nicht durchgesetzt hat.[57] Ganz anders wird dies nunmehr unter der Geltung der neuen KontrollVO. Dessen Art. 137 Abs. 2, 3 regelt die Dimension des Vorgehens bei bloßem Verdacht eines Verstoßes – in dieser Form erstmalig[58] – nämlich ganz eindeutig.[59] Als zulässige Rechtsfolge statuiert Art. 137 Abs. 2 allein die Durchführung von „Untersuchungen", „um diesen Verdacht zu erhärten oder auszuräumen"; es sind also Gefahrerforschungseingriffe, die verfügt werden können. Art. 137 Abs. 3 lit. b („ggf. Verwahrung...von Produkten") zeigt zwar, dass u. U. auch vorläufige Gefahrenabwehrmaßnahmen in Betracht kommen können[60]; endgültige Gefahrenabwehrmaßnahmen dürften jedoch prinzipiell ausscheiden; es sind regelmäßig andere Maßnahmen als die des Art. 138 Abs. 2, die Art. 137 Abs. 2 im Auge hat. Für § 39 Abs. 2 Satz 1 Alt. 1 LFGB bleibt das nicht ohne Rückwirkung: Unionsrechtlich klargestellt wird nämlich, dass es keineswegs die gesamte Palette der Maßnahmen des § 39 Abs. 2 Satz 2 LFGB ist, die in Verdachtsfällen in Betracht kommt; vielmehr gilt ein prinzipieller Vorrang der Gefahrerforschung[61]. Dies steht nicht eigentlich im Widerspruch zu § 39 Abs. 2 Satz 1 Alt. 1 LFGB, der im Kontext des Verdachts ja ausdrücklich allein von dessen „Feststellung oder Ausräumung", d. h. auch seinerseits nur von Gefahrerforschung spricht.[62] Dennoch hätte man früher versucht sein können, bei bloßem Verdacht erforderlichenfalls vielleicht doch gleich zu einer der endgültigen Gefahrenabwehrmaßnahmen, wie sie der Katalog des Satzes 2 vorsieht, zu greifen. Diesen Weg verschließt Art. 137 der neuen KontrollVO nun. Auch dadurch entsteht eine Lücke (wenn nämlich der Verdacht eine Gefahr begründet, die ein sofortiges Einschreiten erfordert); wir werden gleich sehen müssen, ob und wie wir sie schließen können.[63] Einstweilen bleibt es jedoch bei der Feststellung, dass nunmehr auch der Verdachtsfall unionsrechtlich normiert ist. § 39 Abs. 2 Satz 1 Alt. 1

---

57 Allein, dass Erwägungsgrund 13 der alten KontrollVO von Maßnahmen bei Verdacht eines Verstoßes spricht, ist kein Argument dafür, dass in diesen Fällen gerade die Befugnisse des Art. 54 greifen sollen. Siehe auch die Argumente bei *Meisterernst*, Lebensmittelrecht, 2019, § 7, Rn. 15.
58 Siehe bereits Fn. 8 („neue" Vorschrift). Auch dies spricht (im Umkehrschluss) dafür, dass bloße Verdachtsfälle bislang nicht erfasst waren, vgl. *Meisterernst*, Lebensmittelrecht, 2019, § 7, Rn. 15; Fn. 11.
59 Übersehen wird die Norm offensichtlich bei *Zechmeister*, ZLR 2018, 624/631.
60 Insofern § 39 Abs. 2 Satz 2 Nr. 5 LFGB nicht unähnlich, dazu *Rathke*, in: Zipfel/Rathke, LFGB, § 39, Rn. 40.
61 Angeordnet werden kann z. B. eine Maßnahme nach § 39 Abs. 2 Satz 2 Nr. 1 LFGB.
62 *Wehlau*, LFGB, 2010, § 39, Rn. 49.
63 Zur Problematik siehe auch *Preuß*, Auswirkungen der neuen Kontroll-VO (EU) 2017/625 auf die amtliche Lebensmittelkontrolle, in: Verein zur Förderung der Marburger Forschungsstelle für Lebensmittelrecht (Hrsg.), Standards und Kontrolle, 2018, S. 47/52 f.; die dort vorgeschlagene Lösung, schlicht auf der Basis der Alternative „Verhütung künftiger Verstöße" in § 39 Abs. 2 Satz 1 LFGB zu handeln, ist nach hier vertretener Ansicht jedoch verschlossen, da auch diese den festgestellten Verstoß voraussetzt.

LFGB, sofern er erhalten bleiben soll, kann nur noch in Verbindung und auf einer Linie mit Art. 137 Abs. 2, 3 KontrollVO angewendet werden; alternativ freilich könnte er auch als entbehrlich gestrichen werden bzw. sich künftig auf einzelne ergänzende Präzisierungen[64] beschränken.

4. Fallgruppe 4: Normverstoßunabhängiger Schutz vor Gesundheitsgefahren und Täuschung

Wenden wir uns schließlich derjenigen Fallgruppe des § 39 Abs. 2 Satz 1 LFGB zu, die nach hier vertretener Ansicht tatsächlich als einzige auch künftig ganz außerhalb des Anwendungsbereichs der KontrollVO steht und daher ungeschmälert Maßgeblichkeit beanspruchen kann: nämlich die in seiner Alt. 4 vorgesehene Auffangbefugnis, nötigenfalls auch unabhängig von jedem Normverstoß diejenigen Maßnahmen verfügen zu können, die „zum Schutz vor Gefahren für die Gesundheit oder vor Täuschung erforderlich sind". Um zu verstehen, warum allein diese Residualkompetenz ungeschoren bleibt, muss kurz etwas ausgeholt werden: Gefahrenabwehr verwirklicht sich auch nach deutschem Verständnis in zwei verschiedenartigen Säulen, nämlich Rechtsdurchsetzung und Rechtsgüterschutz[65]; geschützt wird vor Gefahren für die Unversehrtheit der Rechtsordnung durch drohende Normverletzungen einerseits und vor Gefahren für bestimmte Rechtsgüter (Leib, Leben, Gesundheit, etc.) durch drohende Rechtsgutsverletzungen andererseits; beides wird in Deutschland durch den Begriff der öffentlichen Sicherheit verklammert; beides kann sich überschneiden, aber auch auseinanderfallen. Die EU-KontrollVO – so die These – verwirklicht Gefahrenabwehr nur mittels Rechtsdurchsetzung; sie ist konzeptionell und tatbestandlich ganz auf die Sicherstellung der Einhaltung des EU-Rechts und die Verhinderung von Normverstößen zugeschnitten[66] – ganz besonders deutlich in Art. 137 Abs. 2 und 138 der neuen KontrollVO, die tatbestandlich ausschließlich auf den „Verstoß" abstellen (dies nunmehr allerdings in allen Dimensionen: Verdacht, Beseitigung und Verhütung von Verstößen), freilich aber auch nur insoweit abschließend sein können. Die allein der Durchsetzung des Unionsrecht dienende EU-KontrollVO kann die Mitgliedstaaten aber nicht daran hindern, außerhalb ihres Anwendungsbereichs Gefahrenabwehr zusätzlich auch mittels der andersartigen Technik eines normverstoßunabhängigen Schutzes bestimmter hochrangiger

---

64 Z.B. hinsichtlich der in Betracht kommenden Gefahrerforschungseingriffe, die in Art. 137 Abs. 2, 3 KontrollVO n. F. nur sehr grob beschrieben sind, so dass Konkretisierungsbedarf besteht (der – wie dargelegt – auch national gefüllt werden darf, solange die Wirksamkeit der Norm nicht beeinträchtigt wird).

65 *Möstl*, in: ders/Schwabenbauer, BeckOK PolSichR Bayern, Systematische und begriffliche Vorbemerkungen zum Polizeirecht in Deutschland, Rn. 6 ff.

66 Vgl. Erwägungsgrund 15 der neuen KontrollVO „Durchsetzung der Unionsvorschriften"; Art. 1 Abs. 2: „Einhaltung der Vorschriften".

Rechtsgüter (wie: Gesundheit) gegen die ihr drohenden Gefahren zu verwirklichen, denn diese normverstoßunabhängige Dimension der Gefahrenabwehr regelt die KontrollVO nicht. Niemand käme etwa auch auf die Idee, die Mitgliedstaaten durch die KontrollVO daran gehindert zu sehen, ein u. a. der Abwehr von Gefahren für die Gesundheit dienendes allgemeines Polizeirecht zu statuieren (auf das nach § 39 Abs. 7a LFGB ja auch im Lebensmittelbereich subsidiär zugegriffen werden kann); nichts anderes kann aber für ein Lebensmittelrecht gelten, das unabhängig von EU-Normverstößen unmittelbar dem präventiven Schutz bestimmter Rechtsgüter dient. Dass die Mitgliedstaaten das zum Schutz bestimmter Rechtsgüter Nötige auch unabhängig von demjenigen Rechtsregime zu verfügen imstande sind, das die EU zur spezifischen Durchsetzung ihres eigenen Rechts erlassen hat, gebietet letztlich auch der Respekt vor der traditionellen Funktion der Staaten als Garanten für Schutz und Sicherheit im Innern (vgl. Art. 4 Abs. 2 Satz 2 EUV). § 39 Abs. 2 Satz 1 Alt. 4 LFGB bleibt daher als Auffangbefugnis zu einem nötigenfalls normverstoßunabhängigen Einschreiten erhalten. Diese (außerhalb des Anwendungsbereichs der KontrollVO stehende) Auffangbefugnis ist – gegen diejenigen Stimmen, die sie für überflüssig halten[67] – auch praxiswichtig, vermag sie doch diejenigen Lücken zu schließen, die die KontrollVO (wie herausgearbeitet) belässt: Soweit es der Rechtsgüterschutz erfordert, lassen sich auf ihrer Basis im Eilfall nämlich auch mündliche VAe erlassen[68]; ebenso lassen sich eine Gesundheitsgefahr begründende erstmalige Normverstöße verhindern;[69] schließlich kommen nötigenfalls endgültige Gefahrenabwehrmaßnahmen in Betracht, auch wenn noch kein Rechtsverstoß nachweisbar ist, eine Gesundheitsschädigung aber gleichwohl hinreichend wahrscheinlich erscheint. § 39 Abs. 2 Satz 1 Alt. 4 LFGB ist also auch künftig wichtig, und es wäre ein Fehler, wenn der Gesetzgeber ihn streichen wollte.

5. Fallgruppenübergreifend: Was heißt „Verstoß" im Sinne der KontrollVO?

Ein Letztes bleibt zu bedenken: Ein eigenständiger Raum bleibt § 39 LFGB – so hatten wir gesagt – im Bereich normverstoßunabhängigen Rechtsgüterschutzes. Der Schutz gegen Normverstöße hingegen ist nunmehr durch die neue KontrollVO (anders als durch die alte) in allen seinen Dimensionen, d. h. nicht nur bzgl. der Beseitigung festgestellter Verstöße, sondern auch der Verhütung künftiger Verstöße und des Vorgehens bei Verdachtsfällen unionsrechtlich geregelt und § 39 LFGB kann insoweit allenfalls noch in vollem Einklang mit Unionsrecht angewandt werden. Was aber ist ein Normverstoß im Sinne der

---
67 Fn. 17.
68 Siehe oben 3. a.
69 Siehe oben 3. b.

KontrollVO? In der alten KontrollVO war der Begriff des „Verstoßes" in Art. 2 Nr. 10 legaldefiniert, und er bezog sich breit auf jegliche Nichteinhaltung des Lebensmittelrechts, wobei unter Lebensmittelrecht i. S. d. BasisVO[70] nicht nur das unionale, sondern auch das mitgliedstaatliche Lebensmittelrecht zu fassen war; auch der Verstoß gegen rein nationales Lebensmittelrecht konnte also die Befugnis der KontrollVO auslösen[71] – ein eigentlich subsidiaritätswidriges Ergebnis,[72] denn worin liegt das legitime Interesse der Union, auch die Durchsetzung rein nationalen Rechts unionsrechtlich zu regeln? Dies ist unter der neuen KontrollVO anders: Die alte Definition des Verstoßes wurde in die Begriffsbestimmungen des Art. 3 KontrollVO n. F. nicht übernommen; überhaupt findet sich der „Verstoß" nicht mehr definiert; vielmehr gibt Art. 1 Abs. 2 KontrollVO n. F. zum Anwendungsbereich nur noch an, die Verordnung gelte für amtliche Kontrollen, „mit denen die Einhaltung der Vorschriften überprüft werden soll, die entweder auf Unionsebene oder von den Mitgliedstaaten zur Anwendung von Unionsrecht" in bestimmten Bereichen erlassen wurden;[73] auch die Erwägungsgründe sprechen durchwegs nur noch von der Durchsetzung „von Unionsvorschriften".[74] Mitgliedstaatliche Vorschriften unterfallen dem Schutzregime der KontrollVO gegen Rechtsverstöße demnach nur noch, soweit sie „zur Anwendung von Unionsrecht" erlassen wurden; Verstöße gegen rein nationales Lebensmittelrecht, das über EU-Recht bewusst hinaus geht und nicht seiner Anwendung dient (z. B. Ekelfälle nach § 11 Abs. 2 Nr. 1 LFGB[75]), werden von Art. 137, 138 der neuen KontrollVO daher nicht mehr erfasst. Hier also kann künftig allein § 39 Abs. 2 LFGB für die nötigen Befugnisse sorgen, ohne dass der Rückgriff auf Art. 137, 138 KontrollVO möglich wäre. Sollte der Gesetzgeber bzgl. der von Art. 137, 138 erfassten Fälle einen Rückbau des § 39 LFGB erwägen, wäre er daher gut beraten, dafür zu sorgen, dass für den Fall des Verstoßes gegen rein nationales Recht (sei es zur Beseitigung oder Verhütung oder auch im Verdachtsfall) keine Lücke eintritt.

IV. Schluss

§ 39 LFGB wird auch künftig nicht vollständig obsolet. Bzgl. der Durchsetzung rein nationalen Lebensmittelrechts sowie einer normverstoßunabhängigen Gefahrenabwehr bleibt er allein maßgeblich. Im Übrigen, soweit es um die

---

70 Art. 3 Nr. 1 BasisVO.
71 *Rathke*, in: Zipfel/Rathke, LFGB, § 39, Rn. 21.
72 Zum Subsidiaritätsprinzip Art. 5 Abs. 3 EUV.
73 Vgl. *Meisterernst*, Lebensmittelrecht, 2019, § 7, Rn. 6; ders./*Vergho*, ZLR 2019, 45/51.
74 Allgemein: Erwägungsgrund 15; speziell zu den Maßnahmen bei Verstößen: Erwägungsgrund 88.
75 Vgl. *Meyer*, in: ders./Streinz, LFGB, 2. Aufl. 2012, § 11, Rn. 124 f.; *Meisterernst*, Lebensmittelrecht, 2019, § 8, Rn. 15.

Beseitigung festgestellter Verstöße einschließlich der Verhütung künftiger Verstöße bzw. um Verdachtsfälle geht, die der KontrollVO unterfallen – und das ist der weitaus größte Teil der Fälle –, gilt vorrangig das Schutzregime der Art. 137, 138 der neuen KontrollVO. § 39 Abs. 2 LFGB kann insoweit allenfalls in Verbindung mit diesen Normen und unter voller Beachtung ihrer Vorgaben angewandt werden; alternativ kann der Gesetzgeber auch einen Verzicht auf eine eigene Regelung, d. h. einen schlichten Verweis auf Unionsrecht mit nur noch ergänzenden nationalen Regeln erwägen. In jedem Fall bestätigt die neue KontrollVO die Pionierrolle des Lebensmittelrechts bei der Herausbildung eines europäischen Verwaltungsrechts, das den nationalen Verwaltungen nicht nur die durchzusetzenden materiellen Standards, sondern mit zunehmender Perfektion auch die zur Durchsetzung nötigen Befugnisse mit an die Hand gibt und so den alten Ausgangspunkt der verwaltungsrechtlichen Autonomie der Mitgliedstaaten modifiziert.

Das Lebensmittelrecht aus datenschutzrechtlicher Perspektive

Verena Stürmer und Prof. Dr. Heinrich Amadeus Wolff, Bayreuth*

I. Einleitende Worte

Haben Sie herzlichen Dank für die Gelegenheit, heute als nicht auf das Lebensmittelrecht spezialisierter Öffentlich-Rechtler mit Grundkenntnissen im Datenschutzrecht zu Ihnen sprechen zu dürfen. Ich werde zunächst ein paar Dinge zum Datenschutzrecht sagen, dann etwas zu seinem Verhältnis zum Verwaltungsinformationsfreiheitsrecht und dann etwas zum VIG.

II. Datenschutzrecht

1. Begriffe

Beginnen wir mit den Begriffen. „Personenbezogene Daten" sind alle Informationen, die sich auf eine identifizierte oder identifizierbare natürliche Person beziehen.[1] Sie sind vor einer Verarbeitung geschützt. Früher gab es einen differenzierten Verarbeitungsbegriff,[2] heute gibt es einen breiten, schwer verständlichen Verarbeitungsbegriff, nach dem eine „Verarbeitung" jeden mit oder ohne Hilfe automatisierter Verfahren ausgeführten Vorgang oder jede solche Vorgangsreihe im Zusammenhang mit personenbezogenen Daten darstellt,[3] also gewissermaßen alles, was man mit Daten anstellen kann. Primärer Adressat datenschutzrechtlicher Pflichten ist, wer alleine oder gemeinsam mit anderen über die Zwecke und Mittel der Verarbeitung von personenbezogenen Daten entscheidet[4] („Verantwortlicher").

---

1 Art. 4 Nr. 1 DS-GVO.
2 § 3 Abs. 4 BDSG aF.
3 Art. 4 Nr. 2 DS-GVO.
4 Art. 4 Nr. 7 DS-GVO und Art. 2 lit. d) S. 1 DSRL.

---

* **Prof. Dr. Heinrich Amadeus Wolff** hat den Lehrstuhl für Öffentliches Recht, Recht der Umwelt, Technik und Information an der Rechts- und Wirtschaftswissenschaftlichen Fakultät der Universität Bayreuth inne. **Verena Stürmer** ist wissenschaftliche Mitarbeiterin an diesem Lehrstuhl und hat jüngst eine datenschutzrechtliche Dissertation vorgelegt. Der Text enthält die überarbeitete Fassung des Vortrags, den der Autor Wolff auf dem FLMR-Herbstsymposium am 16. Oktober 2019 gehalten hat. Teile des Vortrages wurden selbständig aufgearbeitet und unter dem Titel: Das VIG und Art. 86 DS-GVO in der LMuR 2020, 1 ff. veröffentlicht.

2. Grundprinzipien des Datenschutzes

Das Datenschutzrecht ist geprägt von Prinzipien, die nicht von sich aus gelten, aber in der Regel gesetzlich ausgestaltet sind. Diese sind:

- Verbotsprinzip: Wer personenbezogene Daten verarbeiten will, gleich ob privater oder öffentlicher Hand, bedarf einer rechtlichen Grundlage dafür.[5]
- Zweckbindungsgrundsatz: Grundsätzlich dürfen die Daten nur für solche Zwecke verarbeitet werden, für die sie auch erhoben wurden.[6] Zweckänderungen bedürfen einer neuen Rechtfertigung[7] bzw. sind nur unter engen Voraussetzungen möglich[8].
- Erforderlichkeitsgebot: Daten dürfen grundsätzlich nur soweit verarbeitet werden, wie dies notwendig ist, um den Zweck zu erreichen.[9] Die Notwendigkeit ist dabei auf einen Vernünftigkeitsmaßstab ausgerichtet.[10]
- Datenminimierung: Es sind möglichst wenig Daten heranzuziehen.[11]
- Verarbeitung nach Treu und Glauben: Die Datenverarbeitung muss grundsätzlich fair vorgenommen werden.[12]
- Prinzip der Schutzräume: Ungeregelt ist die Datenverarbeitung im Kopf und auf Papier ohne Dateisystematik durch Private. Es gibt einen europarechtlichen Schutzraum und einen rein nationalen. Daneben gibt es selbständige Subordnungen, wie etwa im Bereich der Presse und der Kirche.[13]
- Basisschutz und Differenzierung nach Risiko (risikobasierter Ansatz) und Datenarten: Das Datenschutzrecht gilt grundsätzlich für die Verarbeitung jeglicher personenbezogener Daten, es gibt aber für risikoreiche Verar-

---

5 Art. 5 Abs. 1 lit. a) Var. 1, Art. 6 DS-GVO und § 3 BDSG – früher besonders deutlich in § 4 BDSG aF; s. dazu *Kühling/Klar/Sackmann*, Datenschutzrecht, 4. Aufl. 2018, Rn. 322.
6 *Kühling/Klar/Sackmann*, Datenschutzrecht, 4. Aufl. 2018, Rn. 338 ff.
7 S. zur Zweckänderung aus verfassungsrechtlicher Sicht die Überlegungen des BVerfG im BKA-Urteil – BVerfGE 141, 220, Rn. 284–292.
8 So die europäische Sichtweise, s. Art. 6 Abs. 4 DS-GVO; s. dazu *Wolff*, in Wolff/Schantz, Das neue Datenschutzrecht, 2017, Rn. 398 f.
9 Enthalten in Art. 6 Abs. 1 lit. b–f DS-GVO.
10 *Wolff*, in Wolff/Brink (Hg.), BeckOK-Datenschutzrecht, 30. Edition, Syst. A. Prinzipien des Datenschutzrechts, Rn. 23 ff.
11 Art. 5 Abs. 1 lit. c) DS-GVO; s. dazu *Wolff*, in Wolff/Brink (Hg.), BeckOK-Datenschutzrecht, 30. Edition, Syst. A. Prinzipien des Datenschutzrechts, Rn. 42.
12 Art. 5 Abs. 1 lit. a) Var. 2 DS-GVO, s. dazu *Wolff*, in Wolff/Schantz, Das neue Datenschutzrecht, 2017, Rn. 392 f.; *Kühling/Klar/Sackmann*, Datenschutzrecht, 4. Aufl. 2018, Rn. 335.
13 *Wolff*, in Wolff/Brink (Hg.), BeckOK-Datenschutzrecht, 30. Edition, Syst. A. Prinzipien des Datenschutzrechts, Rn. 2 ff.

beitungen¹⁴ und für besonders sensible Datenarten¹⁵ höhere Schutzstandards.¹⁶

3. Die wichtigsten Rechtsakte

a) Die vier zentralen Rechtsakte

Es gibt vier zentrale Rechtsakte im Datenschutzrecht: erstens die Datenschutzgrundverordnung (DS-GVO),¹⁷ vergleichbar mit der Basisverordnung im Lebensmittelrecht (BasisVO),¹⁸ zweitens eine Richtlinie für den Bereich der Justiz und Sicherheit (JI-RL),¹⁹ drittens das neue Bundesdatenschutzgesetz (BDSG)²⁰ und viertens das Bayerische Datenschutzgesetz (BayDSG)²¹.

b) Die Kompetenzlage

aa) In der Europäischen Union

Im Anwendungsbereich des Unionsrechts gibt Art. 16 Abs. 2 AEUV der Union die allgemeine Kompetenz für den Erlass datenschutzrechtlicher Normen. Darauf wurden die DS-GVO und die JI-RL gestützt.²²

---

14 Der risikobasierte Ansatz liegt vor allem Art. 24, 25, 38, 31–33, 35 DS-GVO zugrunde.
15 S. etwa Art. 9 DS-GVO.
16 *Wolff*, in Wolff/Schantz, Das neue Datenschutzrecht, 2017, Rn. 469.
17 Verordnung (EU) 2016/679 des Europäischen Parlaments und des Rates vom 27. April 2016 zum Schutz natürlicher Personen bei der Verarbeitung personenbezogener Daten, zum freien Datenverkehr und zur Aufhebung der Richtlinie 95/46/EG, ABl. EU L 119 v. 4.5.2016, S. 1; s. dazu *Wolff*, in Wolff/Schantz, Das neue Datenschutzrecht, 2017, Rn. 211 ff.
18 Verordnung (EG) Nr. 178/2002 des Europäischen Parlaments und des Rates vom 28. Januar 2002 zur Festlegung der allgemeinen Grundsätze und Anforderungen des Lebensmittelrechts, zur Errichtung der Europäischen Behörde für Lebensmittelsicherheit und zur Festlegung von Verfahren zur Lebensmittelsicherheit, ABl. EG L 31 v. 1.2.2002, S. 1.
19 Richtlinie (EU) 2016/680 des Europäischen Parlaments und des Rates vom 27. April 2016 zum Schutz natürlicher Personen bei der Verarbeitung personenbezogener Daten durch die zuständigen Behörden zum Zwecke der Verhütung, Ermittlung, Aufdeckung oder Verfolgung von Straftaten oder der Strafvollstreckung sowie zum freien Datenverkehr und zur Aufhebung des Rahmenbeschlusses 2008/977/JI des Rates, ABl. EU L 119 v. 4.5.2016, S. 89; s. dazu *Wolff*, in Wolff/Schantz, Das neue Datenschutzrecht, 2017, Rn. 230 ff.
20 Bundesdatenschutzgesetz vom 30. Juni 2017 (BGBl. I S. 2097), das durch Artikel 12 des Gesetzes vom 20. November 2019 (BGBl. I S. 1626) geändert worden ist.
21 Bayerisches Datenschutzgesetz (BayDSG) vom 15. Mai 2018 (GVBl. S. 230), das durch § 6 des Gesetzes vom 18. Mai 2018 (GVBl. S. 301) geändert worden ist.
22 *Wolff*, in Wolff/Brink (Hg.), BeckOK-Datenschutzrecht, 30. Edition, Syst. A. Prinzipien des Datenschutzrechts, Rn. 8 ff.

bb) Verteilung innerhalb Deutschlands

Die Gesetzgebungskompetenz für den Datenschutz unter Privaten liegt beim Bund. Im öffentlichen Bereich und für den Vollzug gelten die Grundsätze der Kompetenz für den Erlass von Verwaltungsverfahrensrecht entsprechend.[23]

c) Die Anwendungsbereiche der Rechtsakte

Die Abgrenzung der einzelnen Rechtsakte folgt dieser Kompetenzlage:

aa) Anwendungsbereich der DS-GVO und der JI-RL

Gemäß Art. 2 DS-GVO gilt die Verordnung für jede Verarbeitung personenbezogener Daten, es sei denn, sie dient ausschließlich persönlichen oder familiären Tätigkeiten (Haushaltsausnahme) oder die Verarbeitung erfolgt durch die zuständigen Behörden zum Zwecke der Verhütung, Ermittlung, Aufdeckung oder Verfolgung von Straftaten oder der Strafvollstreckung, einschließlich des Schutzes vor und der Abwehr von Gefahren für die öffentliche Sicherheit. Dann ist die JI-RL anwendbar.

bb) Anwendungsbereich des BDSG

Das BDSG gilt gemäß § 1 Abs. 1 BDSG für die Verarbeitung durch erstens öffentliche Stellen des Bundes und zweitens öffentliche Stellen der Länder, soweit kein Landesrecht besteht, und drittens für Private, sofern bei diesen eine automatisierte Verarbeitung vorliegt oder eine nicht automatisierte Verarbeitung in einem Dateisystem gespeichert wird.

cc) Anwendungsbereich des BayDSG

Nach Art. 1 Abs. 1 BayDSG gilt das BayDSG für die Behörden des Freistaats und für Presseorgane.

dd) Die Datenschutzräume

Auf diese Weise entstehen drei Datenschutzräume: der Raum der DS-GVO, der primär unionsrechtlich bestimmt wird, aber im organisatorischen Bereich, dem Verfahrensbereich und im Bereich der Öffnungsklauseln, d.h. vor allem im öffentlichen Bereich, durch Bundes- und Landesrecht ergänzt wird, der Raum im Bereich der JI-RL, bei dem das nationale Recht das Unionsrecht um-

---

23 *Wolff*, in Wolff/Brink (Hg.), BeckOK-Datenschutzrecht, 30. Edition, Syst. A. Prinzipien des Datenschutzrechts, Rn. 344.

setzt, und schließlich der Raum im rein nationalen Bereich. Das BDSG und das BayDSG trennen diese drei Räume systematisch deutlich.

d) Abgrenzung zwischen DS-GVO und JI-RL

Ein erhebliches dogmatisches Problem, das vor allem im Gefahrenabwehrrecht und somit auch im Lebensmittelrecht relevant wird, ist die Abgrenzung zwischen der DS-GVO und der JI-RL. Die Lösung lautet:

- Erstens: Repressives Handeln unterfällt immer der JI-RL und dem Umsetzungsrecht.
- Zweitens: Ordnungswidrigkeitenverfolgung ist repressives Verhalten.
- Drittens: Die JI-RL erfasst auch den Schutz vor und die Abwehr von Gefahren für die öffentliche Sicherheit, aber nur dann, wenn Behörden handeln, die auch Kompetenzen für die Strafverfolgung haben, ansonsten findet immer die DS-GVO und das deutsche Durchsetzungsrecht Anwendung. Diese Abgrenzung liegt auch dem BDSG zugrunde.

Die Folge für die Behörden im Lebensmittelrecht ist: Wenn Akteure im Lebensmittelrecht handeln, gilt immer die DS-GVO, es sei denn, sie beginnen ein Ordnungswidrigkeitenverfahren. Bis zu dessen Ende gilt dann die JI-RL.

4. Die Struktur der DS-GVO

a) Überblick

Die Normen der DS-GVO beginnen mit dem Anwendungsbereich, regeln dann die Rechtmäßigkeit der Verarbeitung, anschließend relativ ausführlich die Rechte der betroffenen Personen und dann ebenso sorgfältig die Pflichten des Verantwortlichen. Im fünften Kapitel sind die Bedingungen, unter denen personenbezogene Daten ins nicht europäische Ausland übermittelt werden können, ausführlich geregelt. Noch ausführlicher ist die Regelung zu den Aufsichtsbehörden, das heißt den alten Kontrollbehörden, und deren Verhältnis zueinander. Die Regelung der Sanktionen fällt demgegenüber knapp, aber heftig aus. Das neunte Kapitel enthält wichtige Öffnungsklauseln, die den Mitgliedsstaaten für bestimmte Bereiche gestatten, Sonderregelungen einzuführen, insbesondere im Bereich der Meinungs- und Informationsfreiheit, des Presserechts, der nationalen Kennziffer, des Beschäftigungsdatenschutzes, der Bereiche Archiv, Wissenschaft und Statistik, der freien Berufe mit Geheimhaltungspflichten, der Religionen und – für uns besonders wichtig – des Verhältnisses des Datenschutzes zum Zugang zur Verwaltungsinformation.

b) Konzeptionsprinzipien der DS-GVO

Die Verordnung beruht auf verschiedenen Prinzipien ganz unterschiedlicher Struktur. Dazu gehören:

aa) Besondere Datenkategorien

Für sensible Daten normiert die Verordnung eigene Rechtfertigungstatbestände, die sie in besonderer Weise den Mitgliedstaaten zur Konkretisierung oder zur Einengung zuweist (Art. 9 Abs. 4 DS-GVO).[24]

bb) Datenschutz durch Sicherheit und Organisation

Der Schutz personenbezogener Daten soll durch technische und organisatorische Maßnahmen gewährleistet werden.[25]

cc) Prinzip der Selbstregulierung

Verbände und Unternehmen haben die Möglichkeit, durch Zertifizierung, sogenannte Verhaltensregeln und verbindliche interne Datenschutzvorschriften den Datenschutz für ihren Bereich zu konkretisieren und durchzusetzen.[26] Ob hiervon in der Praxis Gebrauch gemacht werden wird, ist offen.

dd) Prinzip der effektiven Kontrolle und der wirksamen Sanktionen

(1) Selbstständiges Kontrollsystem unabhängiger Aufsichtsbehörden

Die Verordnung schafft ein institutionell selbständiges Kontrollsystem mit unabhängigen Aufsichtsbehörden, auch im privaten Bereich.[27] Der EuGH hält die Unabhängigkeit der Aufsichtsbehörden für gerechtfertigt, weil die Aufsichtsbehörden „Hüter der Grundrechte" seien.[28] Das ist nun wirklich schwer nachzuvollziehen, da nicht zu verstehen ist, wieso eine Lebensmittelkontrolle

---

24 *Wolff*, in Wolff/Schantz, Das neue Datenschutzrecht, 2017, Rn. 461.
25 Art. 24 f., 30, 32, 33–38 DS-GVO, s. dazu *Wolff*, in Wolff/Schantz, Das neue Datenschutzrecht, 2017, Rn. 815 ff.
26 Art. 40 f., 42 f., 47 DS-GVO; *Wolff*, in Wolff/Schantz, Das neue Datenschutzrecht, 2017, Rn. 1278 ff.; *Schantz*, in Wolff/Schantz, Das neue Datenschutzrecht, 2017, Rn. 780; ausführlich dazu in Kürze: *Stürmer*, Regulierte Selbstregulierung im europäischen Datenschutzrecht.
27 *Wolff*, in Wolff/Schantz, Das neue Datenschutzrecht, 2017, Rn. 985 ff.
28 EuGH, Urt. v. 9.3.2010, Rs. C-518/07, ECLI:EU:C:2010:125, Rn. 22 f. – Kommission/Deutschland.

nach anderen organisatorischen Regeln zu laufen hat als eine Datenschutzkontrolle im privaten Bereich.[29]

(2) Koordination der Aufsichtsbehörden

Die Verordnung hat genauso viele Normen, die der Koordination dieser Aufsichtsbehörden dienen, wie sie inhaltliche Normen aufweist. Zunächst soll der europäische Datenschutzausschuss (EDA), der mit jeweils einem Vertreter einer Aufsichtsbehörde der Mitgliedstaaten besetzt ist, Streitigkeiten zwischen den Aufsichtsbehörden der Mitgliedstaaten entscheiden und unverbindliche Empfehlungen zur Auslegung der Verordnung geben. Die Konkretisierung durch den EDA ist allerdings weniger Wert als oft gedacht wird.[30] Endgültige Klärung bringt nur der EuGH.

Der zweite Pfeiler des Koordinationssystems ist das sogenannte „One-Stop-Shop"-Prinzip,[31] nach dem bei grenzüberschreitenden Verarbeitungen nur eine Aufsichtsbehörde zuständig sein soll. Das System hat allerdings Lücken.[32]

(3) Ordnungswidrigkeiten

Die Ordnungswidrigkeitensanktionen gemäß Art. 83 DS-GVO sind dem Wettbewerbsrecht nachgebildet und sehr hoch – es können Geldbußen in Höhe von bis zu 20 Mio Euro bzw. bis zu 4 % des Jahresumsatzes eines Unternehmens verhängt werden. Hier ist Vieles ungeklärt, wie insbesondere die Frage der Geltung des Schuldgrundsatzes und die Zurechnung von Verstößen von Mitarbeitern.[33]

ee) Öffnungsklauseln

Die Verordnung ist durchsetzt von Öffnungsklauseln, die unterschiedliche Zwecke verfolgen, unterschiedlichen Prinzipien gehorchen und an verschiedene Ansatzpunkte anknüpfen.[34] Insbesondere für den öffentlichen Bereich

---

29 Ausführlich dazu: *Wolff*, Die „völlig unabhängige" Aufsichtsbehörde. Zum Urteil des EuGH vom 09.03.2010 – C-518/07, in Mehde/Ramsauer/Seckelmann (Hg.), Staat, Verwaltung, Information: Festschrift für Hans Peter Bull zum 75. Geburtstag, 2011, S. 1071 ff.
30 *Wolff*, in Wolff/Schantz, Das neue Datenschutzrecht, 2017, Rn. 979 ff.
31 Vgl. Art. 56 Abs. 6 DS-GVO; *Schantz*, in Wolff/Schantz, Das neue Datenschutzrecht, 2017, Rn. 1019 ff.
32 S. dazu in Kürze *Stürmer*, Regulierte Selbstregulierung im europäischen Datenschutzrecht.
33 Ausführlich dazu *Wolff*, Das neue Ordnungswidrigkeitenrecht im Datenschutzrecht, in Stein/Greco/Jäger/Wolter (Hg.), Systematik in Strafrechtswissenschaft und Gesetzgebung: Festschrift für Klaus Rogall zum 70. Geburtstag, 2018, S. 401 ff.
34 *Wolff*, in Wolff/Schantz, Das neue Datenschutzrecht, 2017, Rn. 218 ff.

wird den Mitgliedstaaten so ein erheblicher Spielraum zur Abweichung eröffnet.[35]

c) Die Rechtfertigung der Verarbeitung

Aus dem bereits angesprochenen Verbotsprinzip folgt, dass jede Datenverarbeitung einer rechtlichen Grundlage bedarf. Die DS-GVO kennt sechs Rechtfertigungsgründe:[36] erstens die Einwilligung, zweitens Verarbeitungen zum Zwecke der Erfüllung eines Vertrags, drittens Verarbeitungen zur Erfüllung einer rechtlichen Verpflichtung, viertens Schutz lebenswichtiger Interessen.

Nach Art. 6 Abs. 1 lit. f) DS-GVO, der nicht für den öffentlichen Bereich gilt, ist die Verarbeitung fünftens zulässig, wenn sie zur Wahrung der berechtigten Interessen des Verantwortlichen oder eines Dritten erforderlich ist, sofern nicht die Interessen oder Grundrechte und Grundfreiheiten der betroffenen Person, die den Schutz personenbezogener Daten erfordern, überwiegen. Durch diese Interessensabwägung wird das Verbotsprinzip im privaten Bereich relativiert, da jede Datenverarbeitung bei überwiegendem Interesse zulässig ist.

Nach Art. 6 Abs. 1 lit. e) DS-GVO ist die Verarbeitung sechstens zulässig, wenn sie für die Wahrnehmung einer Aufgabe erforderlich ist, die in der Erfüllung einer öffentlichen Aufgabe liegt. Die Norm, die diese Aufgabe definiert, bildet dann die Rechtsgrundlage in Kombination mit Art. 6 DS-GVO.[37] Gleichzeitig schafft Art. 6 Abs. 3 DS-GVO die Berechtigung, dass diese Rechtsgrundlage auch Einzelheiten des Datenschutzes regelt, insbesondere spezifische Bestimmungen zur Anpassung der DS-GVO enthält. Art. 6 Abs. 3 DS-GVO ist daher die sachliche Begründung dafür, dass sich im öffentlichen Bereich bei den Datenschutzbestimmungen wenig geändert hat, weil die Vorschrift eine Öffnungsklausel für nationales Recht im öffentlichen Bereich darstellt.[38]

---

35 *Wolff*, in Wolff/Schantz, Das neue Datenschutzrecht, 2017, Rn. 469.
36 Art. 6 DS-GVO – s. dazu *Wolff*, in Wolff/Schantz, Das neue Datenschutzrecht, 2017, Rn. 470 ff. Art. 9 verlangt für besonders sensible Daten zusätzliche Anforderungen, s. dazu *Schantz*, in Wolff/Schantz, Das neue Datenschutzrecht, 2017, Rn. 700 ff.
37 *Wolff*, in Wolff/Schantz, Das neue Datenschutzrecht, 2017, Rn. 614.
38 *Wolff*, in Wolff/Schantz, Das neue Datenschutzrecht, 2017, Rn. 629.

III. Verhältnis von Datenschutzrecht und Verwaltungsinformationsfreiheitsrecht

1. Lebensmittelrecht und Datenschutzrecht

Das Lebensmittelrecht nimmt im Bereich des Datenschutzrechts keine Sonderrolle ein, es gibt keine speziellen Regelungen hierfür. Für den hier relevanten Bereich der Transparenzvorschriften gibt es allerdings eine spezielle Norm, die weitgehend unbekannt ist, und zwar Art. 86 DS-GVO. Die Norm regelt das Verhältnis zwischen Datenschutz und Verwaltungsinformation.

2. Art. 86 DS-GVO

a) Allgemein

Nach Art. 86 DS-GVO können Verwaltungsinformationen von den Behörden gemäß dem Unionsrecht oder deutschen Recht offengelegt werden, um den Zugang der Öffentlichkeit zu amtlichen Dokumenten mit dem Recht auf Schutz personenbezogener Daten gemäß der Verordnung in Einklang zu bringen. Die Norm gewährt selbst keinen unmittelbaren Zugang zu amtlichen Dokumenten, sondern ermöglicht es der Union und den Mitgliedstaaten lediglich, entsprechende Regelungen zu schaffen oder beizubehalten.

Art. 86 DS-GVO steht systematisch im Abschnitt der Öffnungsklauseln, d. h. der Normen, die den Mitgliedstaaten die Möglichkeit einräumen, für besondere Verarbeitungssituationen abweichende Bestimmungen zu treffen. Art. 86 DS-GVO ist dabei eine Öffnungsklausel,[39] die – anders als etwa Art. 85 DS-GVO – zum Erlass entsprechender Normen berechtigt, aber nicht verpflichtet.[40]

Mit der ausdrücklichen Aufnahme in die DS-GVO erhält das Recht auf Zugang zu amtlichen Dokumenten eine Aufwertung. Diese Aufwertung entspricht der allgemeinen Tendenz der Union, demokratische Strukturen auch auf der Unionsebene zu stärken.[41] Eine Aushöhlung des Rechts auf Verwaltungsinfor-

---

39 *Herbst*, in Kühling/Buchner (Hg.), DS-GVO/BDSG, 2. Aufl. 2018, Art. 86, Rn. 3; *Schnabel*, in Simitis/Hornung/Spiecker (Hg.), DS-GVO, 2019, Art. 86, Rn. 1; *Schiedermair*, in Wolff/Brink (Hg.), BeckOK-Datenschutzrecht, 31. Edition, Art. 86, Rn. 2; *Pauly*, in Paal/Pauly (Hg.), DS-GVO/BDSG, 2. Aufl. 2018, Art. 86, Rn. 1.
40 *Hoidn*, Informationsfreiheit, in Roßnagel (Hg.), Europäische Datenschutz-Grundverordnung, 2016, § 4 Rn. 187; *Kühling/Klar/Sackmann*, Datenschutzrecht, 4. Aufl. 2018, Rn. 820; *Schiedermair*, in Wolff/Brink (Hg,), BeckOK-Datenschutzrecht, 31. Edition, Art. 86, Rn. 2; unscharf insoweit *Schimanek*, in Auernhammer, hrsg. v. Eßer/Kramer/v. Lewinski, DS-GVO/BDSG, 6. Aufl. 2018, Art. 86, Rn. 1, richtig dagegen in Rn. 8.
41 *Schiedermair*, in Wolff/Brink (Hg.), BeckOK-Datenschutzrecht, 31. Edition, Art. 86, Rn. 1b.

mationsfreiheit durch das Datenschutzrecht solle verhindert werden.[42] Noch weitergehender heißt es, ohne Art. 86 DS-GVO wäre die Gewährleistung des Informationszugangs durch den Datenschutz faktisch ausgeschlossen gewesen, da sie von einer Einwilligung oder einer gesetzlichen Erlaubnis abhinge.[43]

Gleichzeitig verdeutlicht die Norm aber auch in entgegengesetzter Richtung, in einer bisher in Deutschland weitgehend unbekannten Weise, dass das Datenschutzrecht nicht pauschal dem Transparenzrecht nachgeht. So heißt es, Art. 86 DS-GVO solle es ermöglichen, dass beim Informationszugang die DS-GVO angewendet und beim Zugang der Öffentlichkeit zu amtlichen Dokumenten der Schutz personenbezogener Daten berücksichtigt werde.[44]

b) Offenlegung (auch ohne Antrag)

Offenlegung im Sinne von Art. 86 DS-GVO meint eine Übermittlung an einen einzelnen oder eine Veröffentlichung an die Allgemeinheit.[45] Die Norm gilt nicht nur für den Zugang, sondern für jede „Offenlegung" und erfasst daher auch proaktive Publikationsformen.[46] Unter Art. 86 DS-GVO fallen somit auch Normen, die die Veröffentlichung von Verwaltungsinformationen regeln, der kein konkretes subjektives öffentliches Recht gegenübersteht.[47]

Zutreffender Ansicht nach dürften dabei auch anlassbezogene Informationen, d. h. Warnungen erfasst sein. Art. 10 BasisVO (und somit auch § 40 Abs. 1 LFGB), der bekanntermaßen die Information der Öffentlichkeit bei einem Gesundheitsrisiko vorsieht, ist auch als eine Sondernorm über die Transparenz zu begreifen,[48] was sich schon aus seiner Stellung innerhalb des zweiten Abschnitts des zweiten Kapitels der BasisVO ergibt, der mit „Grundsätze der Transparenz" überschrieben ist. Dem Ziel, Transparenz zu gewährleisten, steht nicht entgegen, dass Art. 10 BasisVO ein Tätigwerden ohne Antrag vorsieht.

---

42 *Herbst*, in Kühling/Buchner (Hg.), DS-GVO/BDSG, 2. Aufl. 2018, Art. 86, Rn. 1.
43 *Hoidn*, Informationsfreiheit, in Roßnagel (Hg.), Europäische Datenschutz-Grundverordnung, 2016, § 4 Rn. 187 f.
44 *Schimanek*, in Auernhammer, hrsg. v. Eßer/Kramer/v. Lewinski, DS-GVO/BDSG, 6. Aufl. 2018, Art. 86, Rn. 1.
45 *Schnabel*, in Simitis/Hornung/Spiecker (Hg.), DS-GVO, 2019, Art. 86, Rn. 24.
46 *Pilz*, in Gola (Hg.), DS-GVO, 2. Aufl. 2018, Art. 86, Rn. 17; *Kühling/Klar/Sackmann*, Datenschutzrecht, 4. Aufl. 2018, Rn. 819; *Schiedermair*, in Wolff/Brink (Hg,), BeckOK-Datenschutzrecht, 31. Edition, Art. 86, Rn. 3.
47 *Schnabel*, in Simitis/Hornung/Spiecker (Hg.), DS-GVO, 2019, Art. 86, Rn. 26.
48 BVerfGE 148, 40, Rn. 5; *Schnall*, in Streinz/Kraus, Lebensmittelrechts-Handbuch, III. Schwerpunkte des Lebensmittelrechts, D. Staatliche Informationen und Warnungen, (Loseblatt März 2014), Rn. 221.

c) Abwägungsgebot

Art. 86 DS-GVO gestattet den Mitgliedstaaten den Ausgleich zwischen Datenschutz und Verwaltungsinformationsfreiheit in einer Weise, die sich nicht unmittelbar aus der DS-GVO ergibt. Die Norm ist daher nicht bloß deklaratorisch.[49] Dennoch sind die Rechtswirkungen von Art. 86 DS-GVO bezogen auf den Datenschutz eigentlich beschränkt, da die Gewährung des öffentlichen Zugangs zu amtlichen Dokumenten als eine öffentliche Aufgabe von öffentlichem Interesse verstanden werden kann (so auch Erwägungsgrund 154) und somit die Mitgliedstaaten auch über Art. 6 Abs. 2 und Abs. 3 DS-GVO i. V. m. Art. 6 Abs. 1 lit. e) DS-GVO zu einer Sonderregelung berechtigt sind.[50]

Mit Art. 86 DS-GVO bringt der Verordnungsgeber zum Ausdruck, dass die Rechtsakte, die den Zugang vermitteln, *keine beliebigen Abweichungen von den Bestimmungen der DS-GVO* zur Konsequenz haben dürfen.[51] Enthalten die Dokumente, zu denen Zugang gewährt wird, personenbezogene Daten, so muss zwischen dem Recht der Öffentlichkeit auf Zugang zu amtlichen Dokumenten einerseits und dem Datenschutz andererseits abgewogen werden. Eine Offenlegung ist nach Art. 86 DS-GVO nur erlaubt, wenn die Rechtsnorm, die sie gestattet, sicherstellt, dass die Offenlegung in angemessener Weise den Datenschutz und die Verwaltungsinformationsfreiheit in Einklang bringt. Das Erfordernis des Einklangs zwischen Datenschutz und Verwaltungsinformationsfreiheit ist somit eine materielle Voraussetzung für die Zulässigkeit der Offenlegung, die von der Norm, die zur Offenlegung ermächtigt, beachtet werden muss.[52] Es muss zumindest ein Mindestschutzniveau der DS-GVO für natürliche Personen gewährleistet bleiben.[53] Die entsprechenden Vorschriften – auch des nationalen Rechts – sollten folglich Abwägungsregelungen vorsehen. Werden in den unions- und mitgliedstaatlichen Rechtsakten, die den Zugang zu amtlichen Dokumenten regeln, keine Aussagen zur Gewährleistung des Datenschutzes getroffen, dann sind diese stets im Lichte der DS-GVO auszulegen.

---

49 *Schimanek*, in Auernhammer, hrsg. v. Eßer/Kramer/v. Lewinski, DS-GVO/BDSG, 6. Aufl. 2018, Art. 86, Rn. 1; insofern unscharf *Pilz*, in Gola (Hg.), DS-GVO, 2. Aufl. 2018, Art. 86, Rn. 1.
50 *Pilz*, in Gola (Hg.), DS-GVO, 2. Aufl. 2018, Art. 86, Rn. 9; *Herbst*, in Kühling/Buchner (Hg.), DS-GVO/BDSG, 2. Aufl. 2018, Art. 86, Rn. 3; *Kühling/Klar/Sackmann*, Datenschutzrecht, 4. Aufl. 2018, Rn. 820; *Schiedermair*, in Wolff/Brink (Hg.), BeckOK-Datenschutzrecht, 31. Edition, Art. 86, Rn. 3.
51 *Pauly*, in Paal/Pauly (Hg.), DS-GVO/BDSG, 2. Aufl. 2018, Art. 86, Rn. 9.
52 Ebenso in der Sache *Hoidn*, Informationsfreiheit, in Roßnagel (Hg.), Europäische Datenschutz-Grundverordnung, 2016, § 4 Rn. 196; *Schimanek*, in Auernhammer, hrsg. v. Eßer/Kramer/v. Lewinski, DS-GVO/BDSG, 6. Aufl. 2018, Art. 86, Rn. 1.
53 *Herbst*, in Kühling/Buchner (Hg.), DS-GVO/BDSG, 2. Aufl. 2018, Art. 86, Rn. 20; *Schnabel*, in Simitis/Hornung/Spiecker (Hg.), DS-GVO, 2019, Art. 86, Rn. 30.

d) Abwägungsgesichtspunkte

Die Abwägung zwischen der Informationsfreiheit einerseits und dem Datenschutz andererseits wird vorrangig durch die jeweiligen Rechtsnormen und nachrangig von Art. 86 DS-GVO vorgegeben.[54] Sie wird von den Behörden durchgeführt, unterliegt aber der Kontrolle durch den EuGH.[55] Wie der Ausgleich zwischen beiden Prinzipien zu finden ist, gibt Art. 86 DS-GVO nicht vor – der jeweilige Normgeber besitzt ersichtlich einen Gestaltungsspielraum.[56] Dieser Gestaltungsspielraum wäre aber erkennbar überschritten, wenn der Ausgleich getroffen worden wäre, dass kein Mindestschutzniveau des Schutzes personenbezogener Daten mehr gewährleistet wäre, oder kein Mindestzugang zu Verwaltungsinformationen, die personenbezogene Daten enthalten, mehr realisierbar wäre.[57]

Legt die Norm selbst keine Kriterien fest, lassen sich folgende Kriterien aus dem Unionsrecht mittelbar gewinnen:

- Interesse an Transparenz – allgemeines demokratisches Transparenzinteresse, Verbraucherinteresse, Gesundheitsschutz, Schutz vor verzehrungeeigneten Lebensmitteln;
- Art, Schwere und Dauer des Verstoßes;
- Anzahl der betroffenen Personen/Ausmaß des Schadens;
- Vorsätzlichkeit oder Fahrlässigkeit des Verstoßes;
- getroffene Maßnahmen zur Minderung des entstandenen Schadens;
- Grad der Verantwortung unter Berücksichtigung der getroffenen technischen und organisatorischen Maßnahmen;
- etwaige einschlägige frühere Verstöße und Einhaltung der Auflagen;
- Art und Weise, wie der Verstoß den Behörden bekannt wurde;
- betroffene Datenkategorien;
- andere erschwerende oder mildernde Umstände im jeweiligen Fall.

---

54 *Schiedermair*, in Wolff/Brink (Hg.), BeckOK-Datenschutzrecht, 31. Edition, Art. 86, Rn. 5.
55 *Schnabel*, in Simitis/Hornung/Spiecker (Hg.), DS-GVO, 2019, Art. 86, Rn. 37; *Schiedermair*, in Wolff/Brink (Hg,), BeckOK-Datenschutzrecht, 31. Edition, Art. 86, Rn. 5.
56 *Hoidn*, Informationsfreiheit, in Roßnagel (Hg.), Europäische Datenschutz-Grundverordnung, 2016, § 4 Rn. 196; *Schimanek*, in Auernhammer, hrsg. v. Eßer/Kramer/v. Lewinski, DS-GVO/BDSG, 6. Aufl. 2018, Art. 86, Rn. 1.
57 *Herbst*, in Kühling/Buchner (Hg.), BDSG/BDSG, 2. Aufl. 2018, Art. 86, Rn. 20; *Schnabel*, in Simitis/Hornung/Spiecker (Hg.), DS-GVO, 2019, Art. 86, Rn. 30.

Der EuGH hat im Rahmen eines Rechtsstreits, gestützt auf die unionsrechtlichen Regeln für den Zugang zu Unterlagen bei europäischen Behörden,[58] die Entscheidung der Kommission entgegen der Einschätzung des EuG bestätigt, mit der diese einen Antrag ohne Angabe von Sachgründen auf Zuleitung eines Protokolls über eine Sitzung im Rahmen eines Kartellverstoßverfahrens aus datenschutzrechtlichen Gründen abgelehnt hatte. Erst bei Nachweis eines rechtmäßigen Zweckes sei die Herausgabe möglich.[59] Daher wird in der Literatur verallgemeinernd zu Art. 86 DS-GVO vertreten, die gebotene Abwägung zwischen dem auf Transparenz gerichteten Dokumentenzugangsrechts und dem auf Geheimhaltung zielenden Datenschutz sei ohne ein bestimmtes Präjudiz für die eine oder andere Grundrechtsposition vorzunehmen.[60]

3. Ausfüllende Normen

a) Unionsrecht

Das Unionsrecht enthält für den Lebensmittelbereich mit Art. 10 und Art. 17 Abs. 2 UAbs. 2 BasisVO und Art. 11 KontrollVO (Art. 7 KontrollVO aF) Transparenznormen, die unionsrechtliche Bestimmungen im Sinne von Art. 86 DS-GVO bilden. Der EuGH hat noch im Jahr 2013 Art. 17 BasisVO, Art. 7 KontrollVO aF ohne Rückgriff auf Art. 86 DS-GVO ausgelegt – heute wäre das anders.

b) Nationales Recht

Unter Art. 86 DS-GVO fallen sicher die Normen des IFG, daneben aber auch das UIG und das VIG, da Art. 86 DS-GVO nicht nur das für das Demokratieprinzip wichtige Transparenzprinzip stärken will, sondern auch das für den Verbraucher maßgebliche Transparenzprinzip. Fasst man, wie hier, auch die Offenlegung von Verwaltungsinformationen ohne Antrag unter Art. 86 DS-GVO, fällt auch § 40 LFGB unter Art. 86 DS-GVO.

IV. Das VIG im Lichte des Art. 86 DS-GVO

Nach § 2 Abs. 1 VIG hat jedermann Anspruch auf freien Zugang zu allen Daten über u. a. von Behörden festgestellte nicht zulässige Abweichungen von Anforderungen des LFGB und des ProdSG, oder unmittelbar geltender Rechts-

---

58 Art. 2 Verordnung (EG) Nr. 1049/2001 des Europäischen Parlaments und des Rates vom 30. Mai 2001 über den Zugang der Öffentlichkeit zu Dokumenten des Europäischen Parlaments, des Rates und der Kommission, ABl. EG L 145 v. 31.5.2001, S. 43.
59 EuGH, Urt. v. 29.6.2010, Rs. C-28/08, ECLI:EU:C:2010:378, Rn. 58 f. – Bavarian Lager Co. Ltd./Kommission.
60 *Schiedermair*, in Wolff/Brink (Hg.), BeckOK-Datenschutzrecht, 31. Edition, Art. 86, Rn. 1b.

akte der Europäischen Gemeinschaft oder der Europäischen Union im Anwendungsbereich der genannten Gesetze oder über von einem Erzeugnis oder einem Verbraucherprodukt ausgehende Gefahren oder Risiken für Gesundheit und Sicherheit von Verbraucherinnen und Verbrauchern. Nach § 3 S. 1 Nr. 2a, S. 2 Alt. 2 VIG besteht der Anspruch nicht, soweit Zugang zu personenbezogenen Daten beantragt wird, sofern nicht das öffentliche Interesse an der Bekanntgabe überwiegt. Die Behörde hat die Besonderheiten des Einzelfalls herauszustellen und eine konkrete Interessenabwägung vorzunehmen.

Das VIG berücksichtigt daher ersichtlich das Gebot der Abwägung gem. Art. 86 DS-GVO und genügt ihm. Das heißt aber nicht, dass Art. 86 DS-GVO beim Vollzug keine Rolle mehr zu spielen hat. Das VIG ist nicht unionsrechtlich in gleicher Weise determiniert wie Art. 86 DS-GVO. Die Auslegung des § 3 S. 1 Nr. 2a, S. 2 Alt. 2 VIG muss sich daher über Art. 86 DS-GVO auch am europäischen Datenschutz orientieren. Das ist ebenso eindeutig wie völlig unbekannt. Keine veröffentlichte Entscheidung zum VIG erwähnt die DS-GVO auch nur. Nun ist die DS-GVO erst von 2016 und erst ab Mai 2018 wirklich zu beachten und das VIG älter, eine wirkliche Entschuldigung ist das aber nicht. Vielen Entscheidungen ist nicht einmal zu entnehmen, ob die oder der Betroffene eine juristische oder eine natürliche Person ist. Ginge es um eine juristische Person, zumindest sofern über sie nicht unmittelbar eine natürliche Person erkennbar ist, hätten wir bekanntlich kein Problem, weil die DS-GVO für sie nicht gilt.

Nach Art. 86 DS-GVO ist im Wege von § 3 S. 1 Nr. 2a, S. 2 Alt. 2 VIG das Interesse am Informationszugang mit dem Interesse am Schutz personenbezogener Daten in Einklang zu bringen. Dies erfüllt der Normtext von § 3 S. 1 Nr. 2a VIG, indem er zunächst den Zugangsanspruch verneint, wenn er auf personenbezogene Daten bezogen ist. Geht eine VIG Anfrage daher dahin, ob beim Metzgermeister Müller in der Müllerstraße bei der letzten Kontrolle Verstöße festgestellt wurden, ist der Antrag erst einmal unzulässig, weil die Bekanntgabe personenbezogener Daten beantragt wird. Die Begehung eines Verstoßes ist ein personenbezogenes Datum und der Umstand des Normverstoßes hebt den Schutz nicht auf. Datenschutz hört nicht bei der Rechtswidrigkeit des Verhaltens auf.

Erst die Abwägung gem. § 3 S. 2 Alt. 2 VIG kann diesen Informationsstopp wieder aufheben. Regelungstechnisch ist dabei nicht vertretbar, anzunehmen, beim Tatbestand des Regelverstoßes des § 2 Abs. 1 Nr. 1 VIG sei gewissermaßen regulär von einem Überwiegen auszugehen. Dann hätte der Gesetzgeber das in dieser Form regeln müssen. Hätte er dies getan, wäre die Norm allerdings ab Mai 2018 verfassungswidrig geworden. Die im Laufe der Tagung wiederholt angesprochene Frage, inwieweit im Fall der Topf Secret Plattform bei § 3 S. 1 Nr. 2 VIG die Wertung des § 40 Abs. 1a LFGB einzustellen ist und ob das VIG Massenanträge und eine mittelbare Transparenz gestattet, wird man über Art. 86 DS-GVO kaum entscheiden können. Was man aber entscheiden kann, ist folgendes: Sofern es um natürliche Personen geht und die Anfrage betriebsbezogen ist, kann es ohne eine Bagatellprüfung nicht gehen. Ein Automatismus, nach dem Prüfberichte mit personenbezogenen Daten genauso herausgegeben werden wie solche ohne, hält einer Prüfung am Maßstab von Art. 86 DS-GVO nicht stand. Dies ist bei der Auslegung der nationalen Normen entsprechend zu beachten.

V. Schluss

Das Datenschutzrecht ist neu und muss seinen Weg noch finden. Dies gilt auch für den Bereich des Zugangs zu Verwaltungsinformationen. Mit Art. 86 DS-GVO wird deutlicher als früher, dass der Datenschutz in diesem Bereich ernst zu nehmen ist. Eine Handhabung der §§ 2, 3 VIG, die gewissermaßen bei jedem Mängelbericht ein Überwiegen des Transparenzinteresses annehmen würde, wäre damit nicht zu vereinbaren.

Unterlassung und Rückruf im Lebensmittelrecht

Folgen der Rechtsprechung des BGH zur Reichweite des lauterkeitsrechtlichen Unterlassungsanspruchs

Prof. Dr. Franz Hofmann, LL. M. (Cambridge), Erlangen[*]

Die Rechtsprechung hat in einer Reihe jüngerer Leitentscheidungen die Pflichten des Unterlassungsschuldners ausgedehnt: Er schuldet demnach nicht nur die Einstellung der untersagten Praxis, sondern muss insbesondere bereits ausgelieferte Produkte zurückrufen. Trotz der dadurch hervorgerufenen Verunsicherung der Rechtspraxis lässt sich diese Rechtsprechung nicht zuletzt mit dem Gedanken der Verletzung wettbewerbsrechtlicher Verkehrspflichten erklären. Problematisch ist dessen ungeachtet die Vereinbarkeit der deutschen Rechtsprechung mit dem Unionsrecht.

I. Der Unterlassungsanspruch als Handlungsanspruch

Die Pflichten des Unterlassungsschuldners sind im Bürgerlichen Gesetzbuch (BGB) nur rudimentär geregelt. Während § 1004 Abs. 1 S. 2 BGB als Prototyp des gesetzlichen Unterlassungsanspruchs lediglich anordnet, dass der Eigentümer im Falle weiterer Beeinträchtigungen seines Rechts „auf Unterlassung klagen [kann]", erklärt § 241 Abs. 1 S. 1 BGB für vertragliche Ansprüche, dass der Gläubiger berechtigt ist, vom Schuldner kraft des Schuldverhältnisses eine Leistung zu fordern. Diese kann nach § 241 Abs. 1 S. 2 BGB auch in einem Unterlassen bestehen. Was Inhalt des Unterlassens/der Unterlassung ist, bleibt offen. Klar ist zunächst, dass der Unterlassungsschuldner die rechtsverletzende Praxis einzustellen hat. Er muss mit dem ihm verbotenen Verhalten aufhören. Mit bloßer Passivität ist es aber vielfach nicht getan: Hat der Unterlassungsschuldner ein rechtswidriges Firmenschild am Unternehmensgebäude angebracht, muss er das Firmenschild abmontieren oder entsprechend umgestalten.[1] Eine Unterlassungsverpflichtung erschöpft sich nicht im bloßen Nichtstun, sondern umfasst die Vornahme von Handlungen zur Beseitigung eines zuvor geschaffenen

---

[1] Vgl. BGH, Urt. v. 28.1.1977 – I ZR 109/75 = GRUR 1977, 614 – Gebäudefassade; *Bornkamm*, in: Köhler/Bornkamm/Feddersen, UWG, 39. Aufl. 2021, § 8 Rn. 1.69.

[*] **Prof. Dr. Franz Hofmann** ist Inhaber des Lehrstuhls für Bürgerliches Recht, Recht des Geistigen Eigentums und Technikrecht an der Friedrich-Alexander-Universität Erlangen-Nürnberg.

Störungszustands, wenn allein dadurch dem Unterlassungsgebot entsprochen werden kann.[2] Namentlich bei Dauerhandlungen kann das Unterlassungsgebot nur durch ein positives Tun „erfüllt" werden.[3] Die Nichtbeseitigung ist hier gleichbedeutend mit der Fortsetzung der Verletzungshandlung.[4]

Derartige Handlungspflichten des Unterlassungsschuldners sind auch aus anderem Kontext bekannt: Wer durch sein Handeln im geschäftlichen Verkehr die ernsthafte Gefahr begründet, dass Dritte durch das Wettbewerbsrecht geschützte Interessen von Marktteilnehmern verletzen, ist auf Grund einer wettbewerbsrechtlichen Verkehrspflicht dazu verpflichtet, diese Gefahr im Rahmen des Möglichen und Zumutbaren zu begrenzen.[5] Es bestehen diverse Verhaltenspflichten. Nur indem diesen nachgekommen wird, kann ein drohender Unterlassungsanspruch abgewendet werden.[6] Allen voran Internetintermediäre unterliegen dabei weitreichenden Pflichten. Wird ein Plattformbetreiber auf eine klare Rechtsverletzung hingewiesen, muss er nicht nur das konkrete Angebot unverzüglich sperren („notice-and-takedown"), sondern auch Vorsorge treffen, dass es möglichst nicht zu weiteren derartigen Rechtsverletzungen kommt („notice-and-stay-down").[7] Dass der Unterlassungsanspruch indirekt als Handlungsanspruch daherkommen kann, hat der BGH im Kontext von Unterlassungsanträgen gegen Internetzugangsvermittler zuletzt ausdrücklich erklärt. Mit Blick auf einen vom Gesetzgeber neu geschaffenen spezialgesetzlichen Sperranspruch (§ 7 Abs. 4 TMG) führt der BGH wörtlich aus: „Hierbei ist zu berücksichtigen, dass schon der nach bisherigem Recht mögliche Unterlassungsanspruch gegen den Zugangsvermittler diesem regelmäßig ein aktives Handeln zur Verhinderung zukünftiger Rechtsverletzungen abverlangte, auch wenn der auf Unterlassung gerichtete Klageantrag diese Handlungen nicht aufzuführen brauchte."[8]

---

2 BGH, Beschl. v. 29.9.2016 – I ZB 34/15 = GRUR 2017, 208 Rn. 24 – Rückruf von RESCUE-Produkten.
3 Vgl. *Goldmann*, GRUR 2016, 724; *Hermanns*, GRUR 2017, 977, 978; BGH, Beschl. v. 29.9.2016 – I ZB 34/15 = GRUR 2017, 208 Rn. 25 – Rückruf von RESCUE-Produkten.
4 BGH, Urt. v. 28.1.1977 – I ZR 109/75 = GRUR 1977, 614, 616 – Gebäudefassade; BGH, Urt. v. 4.5.2017 – I ZR 208/15 = GRUR 2017, 823 Rn. 28 – Luftentfeuchter; BGH, Beschl. v. 11.10.2017 – I ZB 96/16 = GRUR 2018, 292 Rn. 20 – Produkte zur Wundversorgung; BGH, Urt. v. 18.9.2014 – I ZR 76/13 = GRUR 2015, 258 Rn. 64 – CT-Paradies.
5 BGH, Urt. v. 12.7.2007 – I ZR 18/04 = GRUR 2007, 890 Rn. 36 und zweiter Leitsatz – Jugendgefährdende Medien; BGH, Urt. v. 19.3.2015 – I ZR 94/13 = GRUR 2015, 1129 Rn. 42 – Hotelbewertungsportal.
6 Vgl. BGH, Urt. v. 19.3.2015 – I ZR 94/13 = GRUR 2015, 1129 Rn. 42 f. – Hotelbewertungsportal; BGH, Urt. v. 17.8.2011 – I ZR 57/09 = GRUR 2011, 1038 Rn. 37 ff. – Stiftparfüm.
7 Vgl. BGH, Urt. v. 17.8.2011 – I ZR 57/09 = GRUR 2011, 1038 Rn. 21 – Stiftparfüm.
8 BGH, Urt. v. 26.7.2018 – I ZR 64/17 = GRUR 2018, 1044 Rn. 57 – Dead Island.

Die Rechtsprechung hat in einer Reihe jüngerer Leitentscheidungen[9] weitere Handlungspflichten des Unterlassungsschuldners bekräftigt, ohne dass diese im Tenor ausdrücklich Niederschlag finden: *Rückrufverpflichtungen*. Ein Unterlassungsgebot verpflichtet demnach den Unterlassungsschuldner auch dazu, bereits ausgelieferte Produkte zurückzurufen.[10] Abweichend von der Verwendung des Begriffs des „Unterlassens" im allgemeinen Sprachgebrauch ist nach dem BGH im Wege der Auslegung des Unterlassungstitels zu ermitteln, welche Verhaltensweisen dieser erfasst und ob er den Schuldner zu einem aktiven Handeln verpflichtet.[11] Auch wenn sich der BGH zur Begründung dieser Judikatur auf ältere Rechtsprechung zu stützen versucht,[12] haben die jüngeren Leitentscheidungen eine heftige Kontroverse ausgelöst.[13] Beispielsweise wird gefragt, ob der „Aufstand gegen den BGH" berechtigt sei.[14] Die Rede ist von einem „Sturm der Entrüstung".[15] Selbst der Ausschuss für Wettbewerbs- und Markenrecht der GRUR sah sich zu einem „Zwischenruf" veranlasst.[16]

Diese im folgenden nachzuzeichnende Entwicklung hat eine nicht unerhebliche Bedeutung auch für das Lebensmittelrecht. Werden lebensmittelrechtliche Vorschriften über § 3a UWG privatrechtlich durchgesetzt („private

---

9 Insbesondere BGH, Urt. v. 19.11.2015 – I ZR 109/14 = GRUR 2016, 720 Rn. 35 – Hot Sox; BGH, Beschl. v. 29.9.2016 – I ZB 34/15 = GRUR 2017, 208 – Rückruf von RESCUE-Produkten; BGH, Urt. v. 4.5.2017 – I ZR 208/15 = GRUR 2017, 823 – Luftentfeuchter; BGH, Beschl. v. 11.10.2017 – I ZB 96/16 = GRUR 2018, 292 – Produkte zur Wundversorgung; BGH, Beschl. v. 12.7.2018 – I ZB 86/17 = GRUR 2018, 1183 – Wirbel um Bauschutt; BGH, Vers.-Urt. v. 26.4.2018 – I ZR 248/16 = GRUR 2019, 199 Rn. 29 – Abmahnaktion II; BGH, Urt. v. 14.12.2017 – I ZR 184/15 = GRUR 2018, 423 Rn. 21 ff. – Klauselersetzung; BGH, Beschl. v. 17.10.2019 – I ZB 19/19 = GRUR 2020, 548 – Diätische Tinnitusbehandlung; derzeit ist eine Verfassungsbeschwerde gegen die Entscheidung „Produkte zur Wundversorgung" (Az. 1 BvR 396/18) anhängig (dazu Stellungnahme der GRUR, GRUR 2019, 1278; *F. Hofmann*, WRP 2020, Editorial Heft 1).
10 Vgl. BGH, Urt. v. 19.11.2015 – I ZR 109/14 = GRUR 2016, 720 Rn. 35 – Hot Sox; BGH, Beschl. v. 29.9.2016 – I ZB 34/15 = GRUR 2017, 208 Rn. 30 – Rückruf von RESCUE-Produkten; BGH, Beschl. v. 11.10.2017 – I ZB 96/16 = GRUR 2018, 292 Rn. 20 – Produkte zur Wundversorgung.
11 BGH, Beschl. v. 12.7.2018 – I ZB 86/17 = GRUR 2018, 1183 Rn. 8 – Wirbel um Bauschutt.
12 Vgl. BGH, Urt. v. 19.11.2015 – I ZR 109/14 = GRUR 2016, 720 Rn. 34 – Hot Sox; BGH, Beschl. v. 29.9.2016 – I ZB 34/15 Rn. 24 ff. = GRUR 2017, 208 – Rückruf von RESCUE-Produkten; BGH, Urt. v. 13.11.2013 – I ZR 77/12 = GRUR 2014, 595 Rn. 26 – Vertragsstrafenklausel; BGH, Urt. v. 18.9.2014 – I ZR 76/13 = GRUR 2015, 258 Rn. 62 ff. – CT-Paradies; keine bisherige höchstrichterliche Klarstellung sieht *Goldmann*, GRUR 2016, 724; aus der älteren Literatur *Rheineck*, WRP 1992, 753.
13 *Ahrens*, GRUR 2018, 374; *Bruggmann*, LMuR 2017, 85; *A. Dissmann*, MarkenR 2017, 293; *R. Dissmann*, GRUR 2017, 986; *Feddersen*, in: Ahrens/Bornkamm/Fezer/Koch/McGuire/Würtenberger (Hrsg.), Festschrift für Wolfgang Büscher, 2018, S. 471; *Hermanns*, GRUR 2017, 977; *F. Hofmann*, NJW 2018, 1290; *Husemann*, WRP 2017, 270; *Lubberger*, GRUR 2018, 378; *Marx*, MarkenR 2020, 99; *Meinhardt*, WRP 2018, 527; *Sakowski*, GRUR 2017, 355; *Voit*, PharmR 2018, 1.
14 Vgl. *Ahrens*, GRUR 2018, 374, der die Rechtsprechung allerdings selbst verteidigt.
15 *Bornkamm*, in: Köhler/Bornkamm/Feddersen, UWG, 39. Aufl. 2021, § 8 Rn. 1.82.
16 GRUR 2017, 885.

enforcement"),[17] kommt es maßgeblich auf die Reichweite des (wettbewerbsrechtlichen) Unterlassungsanspruchs an. Ein Spezifikum des Lebensmittelrechts ist die jüngere Entwicklung indes nicht, auch wenn diese für das Lebensmittelrecht wegen der hohen Regulierungsdichte und der praktischen Bedeutung des *private enforcement* von besonders großem Interesse ist.

II. Die jüngere Entwicklung der Rechtsprechung des BGH zu Rückrufverpflichtungen

1. BGH, Urt. v. 19.11.2015 – I ZR 109/14 – Hot Sox

In der Entscheidung „Hot Sox" machte der Kläger einen Schadensersatzanspruch nach § 945 ZPO geltend.[18] Ein Schaden sei dadurch entstanden, dass er an Groß- und Einzelhändler ausgelieferte Wärmepantoffeln zurückgerufen habe. Hierzu sei er wegen einer einstweiligen Verfügung verpflichtet gewesen. Ausweislich des Tenors war es ihm wegen § 4 Nr. 3 UWG verboten, die streitgegenständlichen Wärmepantoffeln „im geschäftlichen Verkehr zu Zwecken des Wettbewerbs anzubieten, zu bewerben, zu importieren und/oder in den Verkehr zu bringen". Allerdings wurde die einstweilige Verfügung später auf Widerspruch des Klägers wieder aufgehoben. Es kam damit maßgeblich darauf an, ob der Unterlassungstenor neben einem Vertriebsstopp zugleich eine Rückrufverpflichtung vermittelte.

Dem BGH zufolge können zu dem nach § 945 ZPO ersatzfähigen Schaden Kosten gehören, die dadurch entstehen, dass ein Unternehmer zur Befolgung eines Unterlassungsgebots Produkte aus den Vertriebswegen zurückruft.[19] Die Verpflichtung zur Unterlassung einer Handlung, durch die ein fortdauernder Störungszustand geschaffen wurde, ist nach dem BGH mangels abweichender Anhaltspunkte regelmäßig dahin auszulegen, dass sie nicht nur die Unterlassung derartiger Handlungen, sondern auch die Vornahme möglicher und zumutbarer Handlungen zur Beseitigung des Störungszustands umfasst.[20] Daraus folge, dass ein Rechtsverletzer infolge eines Unterlassungstenors nicht nur den weiteren Vertrieb einzustellen hat, sondern auch an Groß- und Einzelhandel verkaufte rechtsverletzende Produkte zurückrufen muss.[21]

---

17 *Ohly*, in: Ohly/Sosnitza, Gesetz gegen den unlauteren Wettbewerb, 7. Aufl. 2016, § 3a Rn. 61.
18 Vgl. auch BGH, Urt. v. 30.7.2015 – I ZR 250/12 = GRUR 2016, 406 Rn. 28 ff. – Piadina-Rückruf; dies sei aber kein „echter Rückruffall", vgl. *Goldmann*, in: Harte-Bavendamm/Henning-Bodewig, UWG, 4. Aufl. 2016, § 8 Rn. 17.
19 BGH, Urt. v. 19.11.2015 – I ZR 109/14 = GRUR 2016, 720 Rn. 33 und zweiter Leitsatz – Hot Sox.
20 BGH, Urt. v. 19.11.2015 – I ZR 109/14 = GRUR 2016, 720 Rn. 34 – Hot Sox.
21 BGH, Urt. v. 19.11.2015 – I ZR 109/14 = GRUR 2016, 720 Rn. 35 und Rn. 37 – Hot Sox.

2. BGH, Beschl. v. 29.9.2016 – I ZB 34/15 – Rückruf von RESCUE-Produkten

Während die „Hot Sox"-Entscheidung mit einer knappen Begründung aufwartete, nahm die Erläuterung von Rückrufverpflichtungen in der zwangsvollstreckungsrechtlichen Folgeentscheidung „Rückruf von RESCUE-Produkten" einen breiten Raum ein. Dem Unterlassungsschuldner war es in einem Hauptsacheverfahren gerichtlich untersagt worden, als Spirituosen gekennzeichnete Produkte unter der Bezeichnung „RESCUE TROPFEN" und/oder „RESCUE NIGHT SPRAY" zu bewerben und/oder zu vertreiben.[22] Dies fußt auf der Regulierung „gesundheitsbezogener Angaben" nach der Health-Claims-Verordnung. Gestritten wurde nunmehr über die Verhängung eines Ordnungsgeldes gemäß § 890 ZPO. Der Unterlassungsschuldner hat Apotheken, an die er die streitgegenständlichen Produkte ausgeliefert hatte, nicht zur Rückgabe aufgefordert. Nach dem BGH stellt dies einen Verstoß gegen den Unterlassungstitel dar und rechtfertigt die Verhängung eines Ordnungsgeldes.

Im Ausgangspunkt bekräftigt der BGH die bereits in der „Hot Sox"-Entscheidung herausgearbeiteten Grundsätze: Die Verpflichtung zur Unterlassung einer Handlung, durch die ein fortdauernder Störungszustand geschaffen wurde, sei mangels abweichender Anhaltspunkte regelmäßig dahin auszulegen, dass sie nicht nur die Unterlassung derartiger Handlungen, sondern auch die Vornahme möglicher und zumutbarer Handlungen zur Beseitigung des Störungszustands umfasst.[23] Näher werden sodann vier Aspekte vertieft. *Erstens* grenzt der BGH den Unterlassungs- vom Beseitigungsanspruch ab. Beide Ansprüche verhalten sich letztlich wie zwei sich überschneidende Kreise.[24] Auch wenn es sich um zwei selbstständige Ansprüche handelt (vgl. zu Unterschieden in der Vollstreckung § 887 ZPO und § 890 ZPO), kann ein und dasselbe Ziel mitunter potenziell mittels beider Ansprüche erreicht werden.[25] *Zweitens* hebt der BGH die Bedeutung von Verhältnismäßigkeitsüberlegungen hervor.[26] Der BGH äußert sich dabei insbesondere zum Prüfungszeitpunkt: Während Verhältnismäßigkeitsüberlegungen grundsätzlich im Erkenntnisverfahren zu prüfen seien, könnten sie aber auch noch im Vollstreckungsverfahren geltend

---

22 Vgl. OLG München, Urt. v. 31.1.2013 = GRUR-RS 2013, 03108 – RESCUE TROPFEN.
23 BGH, Beschl. v. 29.9.2016 – I ZB 34/15 = GRUR 2017, 208 Rn. 24 – Rückruf von RESCUE-Produkten.
24 Vgl. auch BGH, Beschl. v. 11.10.2017 – I ZB 96/16 = GRUR 2018, 292 Rn. 31 – Produkte zur Wundversorgung; *Feddersen*, in: Ahrens/Bornkamm/Fezer/Koch/McGuire/Würtenberger (Hrsg.), Festschrift für Wolfgang Büscher, 2018, S. 471, 472.
25 BGH, Beschl. v. 29.9.2016 – I ZB 34/15 = GRUR 2017, 208 Rn. 28 – Rückruf von RESCUE-Produkten; s. a. BGH, Urt. v. 4.5.2017 – I ZR 208/15 = GRUR 2017, 823 Rn. 28 – Luftentfeuchter.
26 BGH, Beschl. v. 29.9.2016 – I ZB 34/15 = GRUR 2017, 208 Rn. 29 und Rn. 30 – Rückruf von RESCUE-Produkten.

gemacht werden.[27] *Drittens* setzt sich der BGH mit dem Erfordernis der Einwirkung auf Dritte auseinander. Auch wenn der Schuldner eines Unterlassungsanspruchs zwar für das selbstständige Handeln Dritter grundsätzlich nicht einzustehen hat, sei er jedoch gehalten, auf Dritte, deren Handeln ihm wirtschaftlich zugutekommt, einzuwirken, wenn er mit einem Verstoß ernstlich rechnen muss und zudem rechtliche und tatsächliche Einflussmöglichkeiten auf das Verhalten der Dritten hat.[28] Auch hier gelte der Verhältnismäßigkeitsgrundsatz: Der Unterlassungsschuldner sei verpflichtet, „im Rahmen des Möglichen und Zumutbaren" auf Dritte einzuwirken, „soweit dies zur Beseitigung eines fortdauernden Störungszustandes erforderlich ist".[29] Der BGH betont dabei *viertens*, dass es nicht darauf ankommt, ob der Unterlassungsschuldner einen (vertraglichen) Rückruf*anspruch* hat: „Auch wenn für die Schuldnerin nach Abwicklung der entsprechenden Kaufvorgänge keine rechtliche Handhabe bestand, von den Apotheken die Rückgabe der noch vorhandenen Produkte zu verlangen, war es ihr möglich und zumutbar, die Apotheken um Rückgabe der noch vorhandenen Produkte zu ersuchen."[30] Kurzum: Der Unterlassungsschuldner muss den Rückruf wenigstens versuchen.[31]

3. BGH, Urt. v. 4.5.2017 – I ZR 208/15 – Luftentfeuchter

Während gerichtliche Unterlassungstitel regelmäßig so auszulegen sind, dass sie auch eine Verpflichtung zum Rückruf enthalten, stellt sich die Frage der Reichweite der Unterlassungsverpflichtung auch bei strafbewehrten Unterlassungserklärungen.[32] Dies war Gegenstand der Entscheidung „Luftentfeuchter". Wegen einer als wettbewerbswidrig eingestuften Aussage auf einer Produktverpackung für Luftentfeuchter („40 % mehr Wirksamkeit") schlossen die Klageparteien einen Unterlassungsvertrag und vereinbarten für den Fall der Zuwiderhandlung eine Vertragsstrafe. Der Unterlassungsschuldner kam dem Verbot dadurch nach, dass er insbesondere die beanstandete Aussage auf noch nicht verkauften Produkten abklebte und die entsprechende Werbung

---

27 BGH, Beschl. v. 29.9.2016 – I ZB 34/15 = GRUR 2017, 208 Rn. 29 – Rückruf von RESCUE-Produkten.
28 BGH, Beschl. v. 29.9.2016 – I ZB 34/15 = GRUR 2017, 208 Rn. 30 – Rückruf von RESCUE-Produkten.
29 BGH, Beschl. v. 29.9.2016 – I ZB 34/15 = GRUR 2017, 208 Rn. 30 – Rückruf von RESCUE-Produkten.
30 BGH, Beschl. v. 29.9.2016 – I ZB 34/15 = GRUR 2017, 208 Rn. 33 – Rückruf von RESCUE-Produkten.
31 *Tillmanns*, MPR 2017, 69, 70; die Erfolgsaussichten sind durchaus hoch, vgl. *Feddersen*, in: Ahrens/Bornkamm/Fezer/Koch/McGuire/Würtenberger (Hrsg.), Festschrift für Wolfgang Büscher, 2018, S. 471, 475.
32 Vgl. auch BGH, Urt. v. 13.9.2018 – I ZR 187/17 = GRUR 2019, 292 Rn. 36 ff. – Foto eines Sportwagens.

von seiner Internetseite nahm. Allerdings unternahm er keine Anstrengungen, bereits unter Eigentumsvorbehalt verkaufte Produkte zurückzuholen oder entsprechend überkleben zu lassen, so dass der Gläubiger Zahlung der Vertragsstrafe begehrte. Der BGH bejahte einen Verstoß gegen den vertraglichen Unterlassungsanspruch wegen eigenen Fehlverhaltens.[33]

Obwohl der BGH mit Blick auf Unterlassungsvereinbarungen zur Beseitigung der Wiederholungsgefahr gesetzlicher Unterlassungsansprüche immer wieder betont, dass es hierbei maßgeblich auf den Parteiwillen ankommt,[34] findet sich vielfach eine Parallele zur Auslegung gesetzlicher Titel. Tatsächlich handelt es sich bei einer strafbewehrten Unterlassungsvereinbarung funktional um Zwangsvollstreckungsrecht; ein gerichtlicher Titel wird gleichsam privatautonom nachgebildet.[35] Konsequenterweise überträgt der BGH damit seine zuvor referierte Rechtsprechung zur Reichweite des Unterlassungstenors auch auf vertragliche Unterlassungsvereinbarungen.[36] Auf eine ausdrückliche Vereinbarung komme es nicht an.[37] Der BGH bekräftigt zudem erneut, dass es nicht darauf ankommt, ob der Unterlassungsschuldner dem Dritten untersagen kann, die Ware weiterzuveräußern oder Rückgabe verlangen kann:[38] Selbst wenn ein derartiger Rechtsanspruch fehle, „schließt dies nicht die Pflicht aus, einen Rückruf zumindest zu versuchen".[39]

4. BGH, Beschl. v. 11.10.2017 – I ZB 96/16 – Produkte zur Wundversorgung

Schon kurze Zeit später erhielt der BGH eine weitere Gelegenheit, seine Rechtsprechung zu schärfen. In der Entscheidung „Produkte zur Wundversorgung" bekräftigte der BGH seine weitreichende Auslegung von Unterlassungstiteln, formulierte aber Beschränkungen für die Vollstreckung aus einstweiligen Verfügungen. Wiederum ging es um die Verhängung von Ordnungsmitteln (§ 890 ZPO). Gestützt auf eine Unionsmarke war dem Unterlassungsschuldner im Rahmen einer einstweiligen Verfügung u. a. verboten worden, Verpackungen durch Klebeetikette zu verändern und in Verkehr zu bringen. Die Verhängung

---

33 Zugleich wurde entschieden, dass der Vorbehaltskäufer bei einem Eigentumsvorbehalt nicht Erfüllungsgehilfe des Vorbehaltsverkäufers (als Unterlassungsschuldner) bei der Einhaltung einer auf einem Vertragsstrafeversprechen beruhenden Unterlassungspflicht ist, BGH, Urt. v. 4.5.2017 – I ZR 208/15 = GRUR 2017, 823 Rn. 18 ff. – Luftentfeuchter.
34 BGH, Urt. v. 20.6.1991 – I ZR 277/89 = GRUR 1992, 61, 62 – Preisvergleichsliste; BGH, Urt. v. 13.11.2013 – I ZR 77/12 = GRUR 2014, 595 Rn. 28 – Vertragsstrafenklausel.
35 Vgl. *F. Hofmann*, JuS 2018, 833, 836; BGH, Urt. v. 8.5.2014 – I ZR 210/12 = GRUR 2014, 797 Rn. 28 – fishtailparka.
36 BGH, Urt. v. 4.5.2017 – I ZR 208/15 = GRUR 2017, 823 Rn. 26 ff., 29 – Luftentfeuchter.
37 BGH, Urt. v. 4.5.2017 – I ZR 208/15 = GRUR 2017, 823 Rn. 27 – Luftentfeuchter.
38 BGH, Urt. v. 4.5.2017 – I ZR 208/15 = GRUR 2017, 823 Rn. 31 f. – Luftentfeuchter.
39 BGH, Urt. v. 4.5.2017 – I ZR 208/15 = GRUR 2017, 823 Rn. 32 – Luftentfeuchter.

eines Ordnungsgeldes sollte auf die fehlende Aufforderung der Abnehmer gestützt werden, dass diese die rechtsverletzend gekennzeichneten und aufgemachten Produkte (vorläufig) nicht weiterveräußern.

Im ersten Teil der Entscheidung verteidigt der BGH erneut seine Rechtsprechungslinie. Verschiedene, bereits zuvor diskutierte Problempunkte werden bekräftigt und konkretisiert: *Erstens* hebt der BGH nochmals die Bedeutung des Verhältnismäßigkeitsgrundsatzes hervor.[40] Dass der Beseitigungsanspruch durch den Verhältnismäßigkeitsgrundsatz beschränkt sei, müsse auch bei der Auslegung des Unterlassungstitels berücksichtigt werden.[41] Der Unterlassungsschuldner müsse „weder etwas tun, was zur Verhinderung weiterer Verletzungen nichts beiträgt und deswegen nicht erforderlich ist, noch müsse er Maßnahmen der Störungsverhinderung oder -beseitigung ergreifen, die ihm – etwa gegenüber seinen Abnehmern, mit denen er in laufender Geschäftsbeziehung steht – in unverhältnismäßiger Weise zum Nachteil seiner gewerblichen Tätigkeit gereichen und deshalb unzumutbar sind."[42] Die Auslegung des Unterlassungstitels könne *zweitens* auch noch im Vollstreckungsverfahren erfolgen: „Wenn sich der Schuldner im Erkenntnisverfahren nicht damit verteidigt hat, ihm sei die Beseitigung des Störungszustands unmöglich oder unzumutbar, und sich hierzu aus dem Vorbringen des Gläubigers ebenfalls nichts ergibt, kann von dem Grundsatz abgewichen werden, dass die Frage, welche Beseitigungsmaßnahmen verhältnismäßig und geboten sind, im Erkenntnisverfahren geklärt werden muss."[43] *Drittens* stellt der BGH nochmals klar, dass entsprechende Handlungspflichten nicht tenoriert werden müssen.[44] Es bestehe insbesondere kein Konflikt mit dem Bestimmtheitsgebot aus Art. 103 Abs. 2 GG.[45] *Viertens* wird wiederholt, dass es irrelevant sei, ob der Unterlassungsschuldner Ansprüche gegen Dritte hat; ausreichend sei eine *tatsächliche* Einwirkungsmöglichkeit.[46] *Fünftens* arbeitet der BGH nochmals das Verhältnis zwischen Unterlassungs- und Beseitigungsansprüchen

---

[40] BGH, Beschl. v. 11.10.2017 – I ZB 96/16 = GRUR 2018, 292 Rn. 21, Rn. 25 f., Rn. 28 und Rn. 32 – Produkte zur Wundversorgung; vgl. *F. Hofmann*, NJW 2018, 1290, 1292.

[41] BGH, Beschl. v. 11.10.2017 – I ZB 96/16 = GRUR 2018, 292 Rn. 28 – Produkte zur Wundversorgung.

[42] BGH, Beschl. v. 11.10.2017 – I ZB 96/16 = GRUR 2018, 292 Rn. 26 – Produkte zur Wundversorgung.

[43] BGH, Beschl. v. 11.10.2017 – I ZB 96/16 = GRUR 2018, 292 Rn. 21 und Rn. 38 – Produkte zur Wundversorgung.

[44] BGH, Beschl. v. 11.10.2017 – I ZB 96/16 = GRUR 2018, 292 Rn. 22 ff. – Produkte zur Wundversorgung.

[45] BGH, Beschl. v. 11.10.2017 – I ZB 96/16 = GRUR 2018, 292 Rn. 24 – Produkte zur Wundversorgung.

[46] BGH, Beschl. v. 11.10.2017 – I ZB 96/16 = GRUR 2018, 292 Rn. 25 – Produkte zur Wundversorgung.

heraus.⁴⁷ Insbesondere entfalteten spezialgesetzliche Ansprüche auf Rückruf keine Sperrwirkung.⁴⁸ Jene Ansprüche seien nicht darauf beschränkt, eine konkret drohende Verletzungshandlung zu verhindern (konkreter Schutz); möglich sei schlechthin der Rückruf aller schutzrechtsverletzenden Erzeugnisse, auch wenn diese nicht weitervertrieben werden (abstrakter Schutz).⁴⁹ Dessen ungeachtet müssten aber die Wertungen des Beseitigungsanspruchs für aus Unterlassungsansprüchen folgende Handlungspflichten ebenfalls gelten. Dies gilt nicht nur – wie schon ausgeführt – mit Blick auf Verhältnismäßigkeitsvorbehalte, sondern auch hinsichtlich der Art der geschuldeten Maßnahme.⁵⁰ Ein Rückruferfolg sie hier wie dort nicht geschuldet.⁵¹ Der Unterlassungsschuldner sei aber verpflichtet, gegenüber seinen Abnehmern mit Nachdruck und Ernsthaftigkeit, sowie unter Hinweis auf den rechtsverletzenden Charakter der Erzeugnisse, deren Rückerlangung zu versuchen.⁵²

Im zweiten Teil der Entscheidung geht es um die Besonderheiten im einstweiligen Rechtsschutz. Zum einen gelte es, das Verbot der Vorwegnahme der Hauptsache zu beachten, zum anderen müsse berücksichtigt werden, dass der Schuldner nur eingeschränkte Verteidigungsmöglichkeiten habe.⁵³ Während im Falle von Produktpiraterie oder in Fällen, in denen der Schuldner versucht, sich der Unterlassungspflicht durch schnellen Weiterverkauf zu entziehen, auch im einstweiligen Rechtsschutz Rückrufverpflichtungen zum Tragen kämen („Leistungsverfügung"),⁵⁴ soll eine einstweilige Verfügung den Unterlassungsschuldner nur verpflichten, Abnehmer aufzufordern, die Produkte vorläufig nicht weiter zu veräußern.⁵⁵ Praktisch kommt dies freilich einem Rückruf gleich. Der BGH hält dies gleichwohl für zumutbar, da den Verkäufer aus dem Kaufvertrag ohnehin die Nebenpflicht treffe, den Abnehmer darauf

---

47 BGH, Beschl. v. 11.10.2017 – I ZB 96/16 = GRUR 2018, 292 Rn. 27 ff. – Produkte zur Wundversorgung.
48 BGH, Beschl. v. 11.10.2017 – I ZB 96/16 = GRUR 2018, 292 Rn. 29 – Produkte zur Wundversorgung.
49 BGH, Beschl. v. 11.10.2017 – I ZB 96/16 = GRUR 2018, 292 Rn. 30 f. – Produkte zur Wundversorgung.
50 BGH, Beschl. v. 11.10.2017 – I ZB 96/16 = GRUR 2018, 292 Rn. 32 – Produkte zur Wundversorgung.
51 BGH, Beschl. v. 11.10.2017 – I ZB 96/16 = GRUR 2018, 292 Rn. 33 – Produkte zur Wundversorgung.
52 BGH, Beschl. v. 11.10.2017 – I ZB 96/16 = GRUR 2018, 292 Rn. 32 – Produkte zur Wundversorgung.
53 BGH, Beschl. v. 11.10.2017 – I ZB 96/16 = GRUR 2018, 292 Rn. 34 – Produkte zur Wundversorgung.
54 BGH, Beschl. v. 11.10.2017 – I ZB 96/16 = GRUR 2018, 292 Rn. 36 – Produkte zur Wundversorgung.
55 BGH, Beschl. v. 11.10.2017 – I ZB 96/16 = GRUR 2018, 292 Rn. 34 und Rn. 39 – Produkte zur Wundversorgung.

hinzuweisen, dass dieser beim Weitervertrieb der Ware ebenfalls mit einer gegen ihn gerichteten einstweiligen Verfügung rechnen muss.[56]

Gegen diese Rechtsprechung wandte sich das OLG Düsseldorf[57] – indes ohne Erfolg. In der Entscheidung „Diätische Tinnitusbehandlung" bestätigte der BGH die soeben referierte Rechtsprechung.[58] Die (freilich auch schon vorher vom BGH verhandelten) Gegenargumente des OLG Düsseldorf wischte der BGH in der Rechtsbeschwerde (erneut) beiseite.[59]

5. BGH, Beschl. v. 12.7.2018 – I ZB 86/17 – Wirbel um Bauschutt

Um die Grenzen von „Rückrufverpflichtungen" ging es auch in der Entscheidung „Wirbel um Bauschutt". Dem Norddeutschen Rundfunk war durch einstweilige Verfügung untersagt worden, bestimmte Äußerungen im Zusammenhang mit der Berichterstattung unter dem Titel „Wirbel um belasteten Bauschutt in Hannover" zu verbreiten und/oder verbreiten zu lassen. Während die Unterlassungsschuldnerin den Beitrag aus ihrer Mediathek entfernte und auch bei den gängigen Suchmaschinen eine Löschung beantragte, führte sie weitergehende Internetsuchen nicht durch. Der streitgegenständliche Bericht war nun aufgrund eines Nutzeruploads bei YouTube abrufbar. Der Unterlassungsgläubiger beantragte aus diesem Grund die Festsetzung eines Ordnungsgeldes, was der BGH aber ablehnte.

Der BGH unterstrich zunächst, dass ein Unterlassungsschuldner „im Rahmen des Möglichen und Zumutbaren" auch auf Dritte einzuwirken hat, „deren Handeln ihm wirtschaftlich zugutekommt und bei denen er mit (weiteren) Verstößen ernstlich rechnen muss."[60] Daraus folge die Verpflichtung, auf die gängigen Internetsuchmaschinen einzuwirken, so dass der vom Schuldner von seiner Webseite entfernte Beitrag nicht weiter über diese Suchmaschinen wegen einer Speicherung dieses Beitrags in deren Cache erreichbar ist.[61] Die Pflicht zur Einwirkung auf Dritte ende nach dem BGH aber dort, wo das selbstständige

---

56 BGH, Beschl. v. 11.10.2017 – I ZB 96/16 = GRUR 2018, 292 Rn. 39 – Produkte zur Wundversorgung.
57 OLG Düsseldorf, Beschl. v. 14.2.2019 – I-20 W 26/18 = LMuR 2019, 156 („Das Unterlassungsgebot, Waren nicht zu vertreiben, umfasst nicht die Verpflichtung des Schuldners, rechtlich und wirtschaftlich selbständige Dritte aufzufordern, die angegriffene Ware vorläufig nicht weiter zu vertreiben."); s. a. OLG Düsseldorf, Beschl. v. 30.4.2018 – I-15 W 9/18 = GRUR 2018, 855 – Rasierklingeneinheiten.
58 BGH, Beschl. v. 17.10.2019 – I ZB 19/19 = GRUR 2020, 548 – Diätische Tinnitusbehandlung.
59 BGH, Beschl. v. 17.10.2019 – I ZB 19/19 = GRUR 2020, 548 Rn. 17 ff. – Diätische Tinnitusbehandlung.
60 BGH, Beschl. v. 12.7.2018 – I ZB 86/17 = GRUR 2018, 1183 Rn. 11 – Wirbel um Bauschutt.
61 BGH, Beschl. v. 12.7.2018 – I ZB 86/17 = GRUR 2018, 1183 Rn. 13 ff. – Wirbel um Bauschutt; vgl. auch OLG Dresden, Endurteil v. 24.4.2018 – 14 U 50/18 Rn. 9 = BeckRS 2018, 16059.

Handeln eines Dritten dem Unterlassungsschuldner wirtschaftlich nicht zugutekomme.[62] Stellt ein Dritter ein „verbotenes" Video eigenmächtig bei YouTube ein, komme das dem Unterlassungsschuldner wirtschaftlich nicht zugute.[63] Der Sache nach dürfte es hier vor allem um eine Frage der Verhältnismäßigkeit gehen: Der Schuldner kann schlichtweg nicht dafür Sorge tragen, dass der streitgegenständliche Beitrag vollständig aus dem Internet verschwindet.

6. Zusammenfassende Analyse der Rechtsprechungsentwicklung zu Rückrufverpflichtungen

Die jüngere Rechtsprechung hat dem Unterlassungsschuldner weitgehende Handlungspflichten auferlegt. Wer rechtsverletzend gekennzeichnete oder aufgemachte Produkte an Weiterverkäufer vertrieben hat, muss zur Erfüllung seiner Unterlassungspflicht diese Produkte regelmäßig zurückrufen, um einer Fortsetzung des Störungszustands in Form des weiteren Vertriebs vorzubeugen.[64] Denkbar wäre auch eine Versorgung der Einzelhändler mit Überklebungen, wodurch die Rechtsverletzung beseitigt wird.[65] Die Pflicht ist selbstredend auch erfüllt, wenn die Händler die streitgegenständliche Ware vernichten.[66] Im Rahmen des einstweiligen Rechtsschutzes bedarf es zumindest einer Aufforderung der Abnehmer, die erhaltenen Waren im Hinblick auf die einstweilige Verfügung vorläufig nicht weiter zu vertreiben.[67]

Die Rechtsprechung des BGH bezieht sich auf Unterlassungsgebote unabhängig von der Natur des Unterlassungsanspruchs. Es kommt nicht darauf an, ob es sich um einen vertraglichen Unterlassungsanspruch handelt („strafbewehrte Unterlassungserklärung") oder ein gesetzlicher Unterlassungsanspruch vorliegt. Dabei kommt es wiederum nicht darauf an, ob es sich um einen Unterlassungsanspruch infolge eines Wettbewerbsverstoßes, einer Persönlichkeitsrechts- oder einer Immaterialgüterrechtsverletzung handelt.[68] Entsprechend kann das Problem in den unterschiedlichsten (Verfahrens-)Konstellationen auftauchen: (1) Anspruch auf Vertragsstrafe; (2) Ordnungsmittelverfahren, § 890 ZPO; (3) Anspruch auf Schadensersatz nach § 945 ZPO. Auch

---

62 BGH, Beschl. v. 12.7.2018 – I ZB 86/17 = GRUR 2018, 1183 Rn. 19 – Wirbel um Bauschutt.
63 BGH, Beschl. v. 12.7.2018 – I ZB 86/17 = GRUR 2018, 1183 Rn. 21 – Wirbel um Bauschutt; vgl. aber weitergehend zum Anspruch auf Ersatz von Rechtsverfolgungskosten, wenn der Verletzte Uploader auf Unterlassung in Anspruch nimmt BGH, Urt. v. 9.4.2019 – VI ZR 89/18 = GRUR 2019, 862 Rn. 23 – Filmberichterstattung.
64 BGH, Beschl. v. 12.7.2018 – I ZB 86/17 = GRUR 2018, 1183 Rn. 19 – Wirbel um Bauschutt.
65 *Bruggmann*, LMuR 2017, 85, 90.
66 *Bruggmann*, LMuR 2017, 85, 90.
67 BGH, Beschl. v. 11.10.2017 – I ZB 96/16 = GRUR 2018, 292 Rn. 39 – Produkte zur Wundversorgung.
68 BGH, Urt. v. 4.5.2017 – I ZR 208/15 = GRUR 2017, 823 Rn. 26 und Rn. 29 – Luftentfeuchter; *Bornkamm*, in: Köhler/Bornkamm/Feddersen, UWG, 39. Aufl. 2021, § 8 Rn. 1.82.

wenn die Pflichten im einstweiligen Rechtsschutz in der Entscheidung „Produkte zur Wundversorgung" modifiziert wurden, gilt die Rechtsprechung im Grundsatz sowohl im Hauptsacheverfahren als auch im Verfügungsverfahren. Grenzen der Rückrufverpflichtungen können schließlich sowohl im Erkenntnis- als auch im Vollstreckungsverfahren geprüft werden.[69]

Risiken bestehen dabei im Übrigen nicht nur für den Schuldner. Während dieser bei Nichterfüllung der Handlungspflichten Ordnungsgelder oder Vertragsstrafen riskiert,[70] läuft der Gläubiger Gefahr, selbst über § 945 ZPO schadensersatzpflichtig zu werden.[71] Er hat es aber in der Hand, Rückrufverpflichtungen vom Unterlassungsbegehren ausdrücklich auszunehmen,[72] insbesondere auch, wenn deren Unverhältnismäßigkeit im Raum steht.[73]

III. Rückrufverpflichtungen als (wettbewerbsrechtliche) Verkehrspflichten

Während die Rechtsprechung des BGH mitunter heftig kritisiert wird (insbesondere: Verwischung der Grenzen zwischen Unterlassungs- und (spezialgesetzlichem) Beseitigungsanspruch einschließlich der entsprechenden Vollstreckungsverfahren; Verwischung der Grenzen zwischen Erkenntnis- und Vollstreckungsverfahren; Bestimmtheit des Unterlassungstitels; Einwirkungspflicht auf Dritte)[74] soll hier gefragt werden, ob sich diese Rechtsprechung letztlich mit bekannten Instrumenten erklären lässt. Als Vorbild kommt die Haftung wegen der Verletzung wettbewerbsrechtlicher Verkehrspflichten in Betracht.[75] Der Haftung wegen Verletzung wettbewerbsrechtlicher Verkehrspflichten liegt der Gedanke zu Grunde, dass derjenige, der in seinem Verantwortungsbereich eine Gefahrenquelle schafft oder andauern lässt, die ihm zumutbaren Maßnah-

---

69 BGH, Beschl. v. 29.9.2016 – I ZB 34/15 = GRUR 2017, 208 Rn. 29 – Rückruf von RESCUE-Produkten; *Feddersen*, in: Ahrens/Bornkamm/Fezer/Koch/McGuire/Würtenberger (Hrsg.), Festschrift für Wolfgang Büscher, 2018, S. 471, 479 f.
70 *Tillmanns*, MPR 2017, 69, 72.
71 *Tillmanns*, MPR 2017, 69, 72.
72 *Bornkamm*, in: Köhler/Bornkamm/Feddersen, UWG, 39. Aufl. 2021, § 8 Rn. 1.76 und Rn. 1.84a; *Tillmanns*, MPR 2017, 69, 72; *Sakowski*, GRUR 2017, 355, 361; *Feddersen*, in: Ahrens/Bornkamm/Fezer/Koch/McGuire/Würtenberger (Hrsg.), Festschrift für Wolfgang Büscher, 2018, S. 471, 480, 482; *Meinhardt*, WRP 2018, 527, 534; Beispiel aus der Rechtsprechung OLG Köln, Urt. v. 12.10.2018 – 6 U 34/18 = GRUR 2019, 176 – Herr Antje.
73 Vgl. für leicht verderbliche Ware *Bruggmann*, LMuR 2017, 85, 87 f.
74 *Bornkamm*, in: Köhler/Bornkamm/Feddersen, UWG, 39. Aufl. 2021, § 8 Rn. 1.78 (fehlender Rückruf sei gerade nicht gleichbedeutend mit der Fortsetzung der Verletzungshandlung) und Rn. 1.82 ff.; *Hermanns*, GRUR 2017, 977; *A. Dissmann*, MarkenR 2017, 293; *Voit*, PharmR 2018, 1; *Lubberger*, GRUR 2018, 378; vgl. aber auch *Ahrens*, GRUR 2018, 374.
75 So *Goldmann*, in: Harte-Bavendamm/Henning-Bodewig, UWG, 4. Aufl. 2016, § 8 Rn. 20.

men und Vorkehrungen treffen muss, die zur Abwendung der Dritten daraus drohenden Gefahren notwendig sind.[76] In diesem Sinne hat – so lässt sich argumentieren – auch der Hersteller eines Produkts die wettbewerbsrechtliche Verkehrspflicht, alle Maßnahmen zu ergreifen, dass es nicht zu drohenden Wettbewerbsverstößen kommt. Solche lauern aber im Falle des potenziellen Weiterverkaufs eines in den Verkehr gebrachten wettbewerbswidrigen Produkts. Dies begründet selbst einen Rechtsverstoß, beispielsweise aus §§ 3, 5 UWG. Der Hersteller hat dabei durch das Inverkehrbringen eine ihm zurechenbare Gefahr geschaffen, so dass sich eine Verkehrspflicht im Gewand der Rückrufverpflichtung begründen lässt.[77] Er wird aus Ingerenz zum Garanten für die Verhinderung eigenständiger Wettbewerbsverstöße seiner Abnehmer.[78]

Diese Überlegung deutet der BGH in seinen Urteilen an: „Die den Unterlassungsanspruch begründende Verletzungshandlung der Schuldnerin war zwar mit der Auslieferung der Produkte an die Apotheken abgeschlossen. Diese Verletzungshandlung hat jedoch die Gefahr begründet, dass die Apotheken diese Produkte bewerben und vertreiben und damit weiter in Verkehr bringen. Diese Gefahr besteht fort, solange die von der Schuldnerin ausgelieferten Produkte weiterhin in den Apotheken erhältlich sind."[79] Auch der Pflicht zur Einwirkung auf Dritte liegt nach dem BGH die Wertung zugrunde, dass ein Schuldner, der sich zur Erweiterung seiner Handlungsmöglichkeiten der Hilfe Dritter bedient, für das hierdurch gesteigerte Risiko von Störungen einstehen muss.[80] Danach muss ein Schuldner, dem gerichtlich untersagt worden ist, ein Produkt mit einer bestimmten Aufmachung zu vertreiben oder für ein Produkt mit bestimmten Angaben zu werben, grundsätzlich durch einen Rückruf dafür sorgen, dass bereits ausgelieferte Produkte von seinen Abnehmern nicht weiter vertrieben werden.[81]

Nach *Goldmann* besteht dabei ein neuer, gegenüber dem aktiven Vertrieb nicht kerngleicher Wettbewerbsverstoß, der inhaltlich auf zumutbare Rückrufmaßnahmen gerichtet ist.[82] Man könnte jedoch auch annehmen, dass diese Ver-

---

76 BGH, Urt. v. 19.3.2015 – I ZR 94/13 = GRUR 2015, 1129 Rn. 42 – Hotelbewertungsportal.
77 *Goldmann*, GRUR 2016, 724, 725; *ders.*, in: Harte-Bavendamm/Henning-Bodewig, UWG, 4. Aufl. 2016, § 8 Rn. 20.
78 *Goldmann*, in: Harte-Bavendamm/Henning-Bodewig, UWG, 4. Aufl. 2016, § 8 Rn. 20; vgl. *Feddersen*, in: Ahrens/Bornkamm/Fezer/Koch/McGuire/Würtenberger (Hrsg.), Festschrift für Wolfgang Büscher, 2018, S. 471, 473 f., 479; vgl. *Ahrens*, GRUR 2018, 374, 375; *Lubberger*, GRUR 2018, 378, 379 (Verhinderung neuer Störungsfälle); kritisch *Hermanns*, GRUR 2017, 977, 983.
79 BGH, Beschl. v. 29.9.2016 – I ZB 34/15 = GRUR 2017, 208 Rn. 32 – Rückruf von RESCUE-Produkten; vgl. *Sakowski*, GRUR 2017, 355, 356 f.
80 BGH, Beschl. v. 12.7.2018 – I ZB 86/17 = GRUR 2018, 1183 Rn. 19 – Wirbel um Bauschutt.
81 BGH, Beschl. v. 29.9.2016 – I ZB 34/15 = GRUR 2017, 208 Rn. 30 – Rückruf von RESCUE-Produkten.
82 *Goldmann*, GRUR 2016, 724, 725; *ders.*, in: Harte-Bavendamm/Henning-Bodewig, UWG, 4. Aufl. 2016, § 8 Rn. 20.

kehrspflicht verfahrensrechtlich vom Unterlassungsantrag mit umfasst ist. So sagt der BGH mit Blick auf die Bestimmtheit eines Unterlassungsantrags: „Allerdings muss die Besonderheit der Störerhaftung, namentlich der Umstand, dass sie eine Verletzung von Verhaltenspflichten, insbesondere von Prüfungs- oder Überwachungspflichten voraussetzt (...), nicht im Unterlassungsantrag und einem darauf beruhenden Verbotsausspruch zum Ausdruck kommen. Es reicht aus, dass dies aus der Klagebegründung und, soweit das Gericht das Verbot auf die Störerhaftung stützt, aus den Entscheidungsgründen folgt, die zur Auslegung des Verbotstenors heranzuziehen sind."[83]

Für die Rekonstruktion der BGH-Rechtsprechung als wettbewerbsrechtliche Verkehrspflichten spricht – wie bei der Intermediärshaftung – der Gedanke des effektiven Rechtsschutzes.[84] Der Unterlassungsgläubiger tut sich schwer, gegen potenzielle Rechtsverletzungen der Abnehmer (die regelmäßig im Falle des Weiterverkaufs vorliegen) vorzugehen. Hier helfen die dem Hauptunterlassungsschuldner auferlegten Verkehrspflichten in Form von Rückrufverpflichtungen.[85] Auch die Überlegung, dass den Unterlassungsschuldner die vertragliche Nebenpflicht aus § 241 Abs. 2 BGB trifft, seine Abnehmer über die Rechtswidrigkeit der verkauften Ware zu informieren,[86] spricht für Rückrufverpflichtungen als zumutbare Verhaltenspflichten. In der Tat ist fraglich, ob eine Abnehmerverwarnung die bessere Alternative ist. Jener wird kein Interesse haben, sich in den Streit zwischen Kläger und Hersteller einzumischen und daher im Zweifel auf Alternativprodukte ausweichen.[87] Der Händler wäre schließlich selbst verpflichtet, die rechtsverletzende Ware nicht weiter zu veräußern.[88] Praktisch käme es damit im Übrigen trotzdem zu Imageschäden, da die „Rückrufmaschinerie" letztlich mit gewisser zeitlicher Verzögerung „ohnehin in Gang gesetzt [würde]."[89] Jedenfalls für das Wettbewerbsrecht lässt sich die neue Rechtsprechung des BGH damit zumindest dogmatisch erfassen.[90]

---

83 BGH, Urt. v. 10.1.2019 – I ZR 267/15 = GRUR 2019, 813 Rn. 22 ff., 26 f. – Cordoba II; für einheitlichen Streitgegenstand *Zigann/Werner*, in: Cepl/Voß, Prozesskommentar Gewerblicher Rechtsschutz, 2. Aufl. 2018, § 253 Rn. 136.
84 Vgl. *Goldmann*, in: Harte-Bavendamm/Henning-Bodewig, UWG, 4. Aufl. 2016, § 8 Rn. 18; zur Intermediärshaftung vgl. *Leistner*, GRUR-Beil. 2010, 1, 16; *Ohly*, GRUR 2017, 441, 442.
85 Vgl. *Stuwe*, GRUR 2019, 1028, 1029.
86 BGH, Beschl. v. 11.10.2017 – I ZB 96/16 = GRUR 2018, 292 Rn. 39 – Produkte zur Wundversorgung.
87 Vgl. im Kontext unberechtigter Schutzrechtsverwarnungen *Ohly*, in: Ohly/Sosnitza, UWG, 7. Aufl. 2016, § 4.4 Rn. 4/38.
88 BGH, Urt. v. 4.5.2017 – I ZR 208/15 = GRUR 2017, 823 Rn. 32 – Luftentfeuchter.
89 *Bruggmann*, LMuR 2017, 85, 87; vgl. auch *Feddersen*, in: Ahrens/Bornkamm/Fezer/Koch/McGuire/Würtenberger (Hrsg.), Festschrift für Wolfgang Büscher, 2018, S. 471, 475 f.
90 Auch im Patentrecht wäre eine Lösung über „Verkehrspflichten" möglich, vgl. BGH, Urt. v. 17.9.2009 – Xa ZR 2/08 = GRUR 2009, 1142 Rn. 34 ff. – MP3-Player-Import; zum Urheberrecht und einer „verkehrspflichtenbasierten Täterhaftung" vgl. nur *Leistner*, ZUM 2018, 286.

Kritik in der Sache bleibt aber unter dem Prüfungspunkt „Zumutbarkeit" weiter möglich.[91]

IV. Rückrufverpflichtungen und Unionsrecht

Eine andere Frage ist es, ob die Rechtsprechung des BGH mit dem Unionsrecht im Einklang steht. Dieses Problem wurde in der Entscheidung „Produkte zur Wundversorgung" aufgeworfen:[92] Der Unterlassungsanspruch folgte hier aus der Verletzung einer Unionsmarke.[93] Der BGH verneinte eine Vorlagepflicht an den EuGH nach Art. 267 AEUV,[94] was eine Verfassungsbeschwerde wegen der Verletzung von Art. 101 Abs. 1 S. 2 GG nach sich zog.[95]

Der BGH stützte die Nichtvorlage auf zwei Argumente: Zum einen fehle es mit Blick auf die Rückrufverpflichtungen an einer Vollharmonisierung. Zwar finde sich in Art. 102 Abs. 1 GMV[96] (nunmehr: Art. 130 UMV)[97] eine Regelung zum (unionsrechtlichen) Unterlassungsanspruch. Nach Art. 102 Abs. 1 S. 2 GMV treffe aber das nationale Gericht nach Maßgabe seines nationalen Rechts zusätzlich die erforderlichen Maßnahmen, um sicherzustellen, dass ein auf Art. 102 Abs. 1 S. 1 GMV gestütztes Verbot befolgt wird.[98] Zum anderen ordne Art. 102 Abs. 2 GMV an, dass das mitgliedstaatliche Gericht auf der Grundlage des nach Art. 101 GMV anwendbaren Rechts zweckmäßig erscheinende Maßnahmen ergreifen oder Anordnungen treffen kann. Da die Gemeinschaftsmarkenverordnung keine abschließende Regelung zur inhaltlichen Reichweite eines Verbotsausspruchs enthalte, sei hierauf nach Art. 101 Abs. 2 GMV das mitgliedstaatliche Recht anwendbar.[99]

Dabei ist freilich fraglich, ob sich die Rückrufverpflichtung nicht aus Art. 102 Abs. 1 S. 1 GMV (nunmehr: Art. 130 Abs. 1 S. 1 UMV) ableiten lässt („Stellt

---

91 Vgl. *Sakowski*, GRUR 2017, 355, 356 f., 359.
92 Zum gleichen Problem nunmehr auch BGH, Beschl. v. 17.10.2019 = GRUR 2020, 548 Rn. 23 – Diätische Tinnitusbehandlung. Der BGH verneint die Notwendigkeit einer EuGH-Vorlage. Auch im UWG wird die Rechtsdurchsetzung allerdings durch Art. 11, 13 UGP-RL (RL 2005/29/EG) unionsrechtlich überlagert.
93 BGH, Beschl. v. 11.10.2017 – I ZB 96/16 = GRUR 2018, 292 – Produkte zur Wundversorgung.
94 BGH, Beschl. v. 11.10.2017 – I ZB 96/16 = GRUR 2018, 292 Rn. 43 – Produkte zur Wundversorgung; so nun auch BGH, Beschl. v. 17.10.2019 = GRUR 2020, 548 Rn. 23 – Diätische Tinnitusbehandlung.
95 Vgl. Az. 1 BvR 396/18.
96 Verordnung (EG) Nr. 207/2009 („Gemeinschaftsmarkenverordnung").
97 Verordnung (EU) 2017/1001 („Unionsmarkenverordnung").
98 BGH, Beschl. v. 11.10.2017 – I ZB 96/16 = GRUR 2018, 292 Rn. 43 – Produkte zur Wundversorgung.
99 BGH, Beschl. v. 11.10.2017 – I ZB 96/16 = GRUR 2018, 292 Rn. 43 – Produkte zur Wundversorgung.

Prof. Dr. Franz Hofmann, LL. M. (Cambridge)

ein Gemeinschaftsmarkengericht fest, dass der Beklagte eine Gemeinschaftsmarke verletzt hat oder zu verletzen droht, so verbietet es dem Beklagten, die Handlungen, die die Gemeinschaftsmarke verletzen oder zu verletzen drohen, fortzusetzen").[100] Auch im deutschen Recht finden sich in den einschlägigen Anspruchsgrundlagen (vgl. nur § 8 Abs. 1 UWG) keine Anhaltspunkte für Rückrufverpflichtungen. Die inhaltliche Reichweite der „Unterlassungsanordnung" entzieht sich damit keineswegs einer autonomen unionsrechtlichen Beurteilung.[101] Dies gilt umso mehr, da eine klarer Trend hin zu einer immer weitergehenden Harmonisierung gerade auch der *Rechtsdurchsetzung* zu beobachten ist. Beispielhaft zu nennen sind die detaillierten Regeln in der Geschäftsgeheimnis-RL (Art. 6 ff.)[102] oder auch die Herausbildung von Grundsätzen – beispielsweise dem Verhältnismäßigkeitsgrundsatz – speziell für Fragen der Rechtsdurchsetzung.[103] An anderer Stelle hat der EuGH Rechtsdurchsetzungsfragen über eine Ausdehnung des eigentlichen materiellen Rechts adressiert. Speziell im Urheberrecht integrierte der EuGH die Haftung von Mittelspersonen (Linksetzer;[104] Betreiber der Plattform „The Pirate Bay")[105] in den Tatbestand der öffentlichen Wiedergabe (vgl. Art. 3 RL 2001/29/EG).[106] Ausgerechnet im Markenrecht legt der EuGH den Verletzungstatbestand aber enger aus: Ein Markenverletzer sei nicht per se für die Übernahme der in einer Werbeanzeige verkörperten Markenverletzung durch andere Webseitenbetreiber verantwortlich; es liege keine Benutzung der Marke vor.[107] In der Literatur löst dies die Frage aus, ob diese Einlassung des EuGH der „Rückrufrechtsprechung" des BGH entgegensteht.[108] Allerdings lässt sich die Frage der „Benutzung der Marke" (materielles Recht im engeren Sinne) von der Frage

---

100 Vgl. auch *Hermanns*, GRUR 2017, 977, 984.
101 Zur autonomen Auslegung genuin unionsrechtlicher Sanktionen vgl. EuGH, Urt. v. 14.12.2006 – C-316/05 = GRUR 2007, 228 Rn. 21 f. – Nokia; es ist auch keineswegs ausgemacht, dass es „keinen unionsrechtlichen Zweifeln [unterliegt], dass die Annahme von Handlungspflichten im Rahmen des nach Art. 11 Abs. 2 UAbs. 1 und 2 der RL 2005/29/EG vorzusehenden Unterlassungsanspruchs ein geeignetes und wirksames Mittel zur Bekämpfung unlauterer Geschäftspraktiken i. S. d. Art. 11 Abs. 1 dieser Richtlinie sowie eine wirksame, verhältnismäßige und abschreckende Sanktion i. S. d. Art. 13 S. 2 dieser Richtlinie darstellt", vgl. BGH, Beschl. v. 17.10.2019 = GRUR 2020, 548 Rn. 23 – Diätische Tinnitusbehandlung.
102 Richtlinie (EU) 2016/943.
103 EuGH, 16.4.2015 – C-388/13 = GRUR 2015, 600 Rn. 57 f. – Nemzeti Fogyasztóvédelmi Hatóság/UPC Magyarország Kft.; vgl. zur Entwicklung im Urheberrecht beispielsweise *Leistner*, GRUR 2017, 755.
104 EuGH, Urt. v. 8.9.2016 – C-160/15 = GRUR 2016, 1152 – GS Media.
105 EuGH, Urt. v. 14.6.2017 – C-610/15 = GRUR 2017, 790 – Stichting Brein/Ziggo ua [The Pirate Bay].
106 *F. Hofmann*, EuZW 2018, 517, 518 f. m. w. N.; *Jones*, Die urheberrechtliche Haftung von Intermediären im Rechtsvergleich, 2020, S. 68 ff., 76 ff., 83 ff., 93.
107 EuGH, Urt. v. 2.7.2020 – C-684/19 = GRUR 2020, 868 Rn. 18 ff. – mk advokaten/MBK Rechtsanwälte.
108 *Abrar*, GRUR-Prax 2020, 331.

der Reichweite des Unterlassungsanspruchs, der „*remedy*-Ebene" (materielles Recht im weiteren Sinne), trennen.[109]

Eine Vorlageverpflichtung wäre – auch vor diesem Hintergrund – vor allem aus einer anderen Überlegung geboten gewesen: Das deutsche System der Rechtsdurchsetzung („Anspruchssystem") unterscheidet sich in seiner theoretischen Konzeption grundsätzlich vom europäischen System („*remedy*-System").[110] Schon allein am Wortlaut des Art. 102 GMV/Art. 130 UMV wird dies deutlich. Die Norm ist prozessual formuliert. Statt eines Anspruchs ist ein „gerichtlicher Rechtsbehelf" geregelt (vgl. auch Art. 12 Geschäftsgeheimnis-RL).[111] Das Unionsrecht hat in der Tat nicht den bürgerlich-rechtlichen Anspruchsbegriff gemäß § 194 Abs. 1 BGB zum Vorbild genommen, sondern sich am anglo-amerikanischen „*remedy*-System" orientiert.[112] Dies wirft eine Reihe grundsätzlicher Fragen auf: So ist beispielsweise bereits die „Anspruchsgrundlage" nicht ganz klar. Folgt das „Recht auf Unterlassung" etwa aus Art. 9 Abs. 1 GMV (Art. 9 Abs. 2 UMV) oder direkt aus Art. 102 GMV/Art. 130 UMV?[113] Für letztere Ansicht spricht die systematische Trennung zwischen *Rechtszuweisung* einerseits und *Rechtsdurchsetzung* andererseits (vgl. wie § 903 BGB und §§ 1004, 823, 812 Abs. 1 S. 1, 2. Alt. BGB oder § 9 PatG und §§ 139 ff. PatG). Auch die Rechtsnatur ist ungeklärt: Handelt es sich um einen prozessualen Rechtsbehelf oder einen materiell-rechtlichen Anspruch? Auch im deutschen Recht wurden *Unterlassungsansprüche* zunächst prozessual interpretiert, während die absolut herrschende Meinung heute von materiellen Ansprüchen gemäß § 194 Abs. 1 BGB ausgeht.[114] Der Wortlaut von § 1004 Abs. 1 S. 2 BGB bezeugt erstere Sichtweise noch heute. Haben ferner die Gerichte im Rahmen der Befugnis zu Anordnungen eine aktivere Rolle oder steht ihnen gar ein „Ermessen" zu? Während im deutschen Recht Gerichte einen Anspruch selbst bei einer Leistungsklage letztlich lediglich passiv feststellen,[115] findet sich mit § 938 ZPO auch im deutschen Recht eine Norm, die weniger an „Ansprüche" als an „remedies" erinnert.[116] Verhältnismäßigkeitsüberlegungen sind dem deutschen Recht wiederum tendenziell fremd – anders allerdings das europäische Rechtsdurchsetzungssystem (vgl. nur Art. 130 UMV: „sofern einer solchen Anordnung nicht besondere Gründe entgegenstehen"). Dass die Rechtsnatur der unionsrechtlichenAnsprü-

---

109 A. A. OLG Düsseldorf, Beschl. v. 13.10.2020 – 20 W 71/19 = GRUR-RS 2020, 35397.
110 Vgl. *F. Hofmann*, Der Unterlassungsanspruch als Rechtsbehelf, 2017, § 3.
111 Zur Problematik vgl. *F. Hofmann*, GPR 2017, 176, 181 f.; *ders.*, JuS 2018, 833, 835.
112 *F. Hofmann*, Der Unterlassungsanspruch als Rechtsbehelf, 2017, § 1 und § 3.
113 Vgl. BGH, Urt. v. 7.10.2004 – I ZR 91/02 = GRUR Int. 2005, 719, 722 – Lila-Schokolade; § 125b Nr. 2 MarkenG; BGH, Teilurt. v. 3.11.2016 – I ZR 101/15 = GRUR 2017, 520 Rn. 22 – MICRO COTTON; vgl. *Hermanns*, GRUR 2017, 977, 984; kritisch *F. Hofmann*, Der Unterlassungsanspruch als Rechtsbehelf, 2017, S. 89 f.
114 Zur Debatte vgl. *Fritzsche*, Unterlassungsanspruch und Unterlassungsklage, 2000, S. 114 ff.
115 Vgl. *Wolf/Neuner*, BGB AT, 11. Aufl. 2016, § 21 Rn. 29.
116 *F. Hofmann*, Der Unterlassungsanspruch als Rechtsbehelf, 2017, S. 61 f.

che (besser: Rechtsbehelfe) nicht nur akademischer Natur ist, hat der deutsche Gesetzgeber bei der (mehrfachen) Reform des TMG selbst erfahren. Sein Versuch, die Störerhaftung abzuschaffen und durch eine „Anspruchsgrundlage für gerichtliche Anordnungen" zu ersetzen,[117] scheiterte nicht zuletzt daran, dass der Unterschied zwischen *Ansprüchen* und *gerichtlichen Anordnungen* gemäß Art. 8 Abs. 3 InfoSoc-RL[118] nicht hinreichend analysiert worden war.[119]

Auch wenn die genannten Punkte mit Rückrufverpflichtungen unmittelbar nichts gemein zu haben scheinen (interpretiert man Rückrufverpflichtungen als wettbewerbsrechtliche Verkehrspflichten, stellt sich allerdings auch insoweit die Frage nach der unionsrechtlichen Grundlage),[120] zeigt die beispielhafte Aufzählung, dass schon das Fundament des europäischen Rechtsdurchsetzungssystems alles andere als geklärt erscheint. Einzelfragen lassen sich aber nur dann souverän entscheiden (mit Blick auf Rückrufverpflichtungen beispielsweise das vom BGH angesprochene Verhältnis zwischen Art. 102 Abs. 1 S. 1 und S. 2 GMV),[121] wenn die Eckpfeiler des europäischen „Law of Remedies" (durch den EuGH) näher konturiert sind. Unabhängig davon, ob im konkreten Fall eine Verletzung von Art. 101 Abs. 1 S. 2 GG zu bejahen ist, wäre eine Befassung des EuGH mit der Reichweite des „Unterlassungsanspruchs" höchst wünschenswert.[122]

V. Fazit

Die „Rechtsfolge Unterlassen" erweist sich nicht nur wegen der hier im Mittelpunkt stehenden Rückrufverpflichtungen als scharfes Schwert.[123] Aus Sicht des Unterlassungsschuldners verursachen auch Umstellungskosten („switching costs") mitunter erhebliche Kosten. Auch wenn dem Unterlassungsschuldner die Chance genommen wird, Aufwendungen zu amortisieren, zeigt sich die Schärfe des Unterlassungsanspruchs.[124] Dies hat mehrere Konsequenzen: *Erstens* ist die Verschuldensunabhängigkeit des Unterlassungsanspruchs zu

---

117 BT-Drucks. 18/12202, S. 12.
118 RL 2001/29/EG.
119 Vgl. BGH, 26.7.2018 – I ZR 64/17 = GRUR 2018, 1044 – Dead Island; *F. Hofmann*, GPR 2017, 176, 181 f.
120 Exemplarisch *Ohly*, GRUR 2017, 441, 443 f.
121 Zur Abgrenzung von reinen Verfahrensfragen EuGH, Urt. v. 22.6.2016 – C-280/15 = GRUR 2016, 931 – Irina Nikolajeva.
122 *R. Dissmann*, GRUR 2017, 986, 987, 991 f.; *Hermanns*, GRUR 2017, 977, 984.
123 Mit Blick auf Rückrufverpflichtungen vgl. *A. Dissmann*, MarkenR 2017, 293, 298 f.; vgl. auch *Wagner*, in: Beuthien/Fuchs/Roth/Schiemann/Wacke (Hrsg.), Perspektiven des Privatrechts am Anfang des 21. Jahrhunderts. Festschrift für Dieter Medicus zum 80. Geburtstag am 9. Mai 2009, 2009, S. 589, 605 f.
124 Vgl. *F. Hofmann*, NJW 2018, 1290.

hinterfragen.[125] *Zweitens* muss genau geprüft werden, ob „Unterlassen" die „richtige" Rechtsfolge ist („differenzierte Rechtsdurchsetzung").[126] Damit hängt *drittens* die Frage nach der Einschränkbarkeit des Unterlassungsanspruchs insbesondere unter Verhältnismäßigkeitsüberlegungen zusammen. Gerade bei ausgedehnten Unterlassungspflichten ist hierauf besonders Wert zu legen. In der Literatur wird beispielsweise darauf aufmerksam gemacht, dass ein Rückruf von Produkten zur Patientenversorgung unverhältnismäßig sein könnte, wenn es um rein wettbewerbsrechtliche Aspekte gehe, die keine Relevanz für die Sicherheit der Produkte selbst aufweisen.[127] Auch bei Bagatellverstößen, beispielsweise einem verrutschten, gleichwohl lesbaren Mindesthaltbarkeitsdatum, könnte ein Rückruf unverhältnismäßig sein.[128] Allen voran die Entscheidung „Wirbel um Bauschutt" zeigt: Der Unterlassungsschuldner darf nicht für jedwede Fortwirkung haftbar gemacht werden!

---

125 Vgl. *F. Hofmann*, WRP 2018, 1, 6.
126 *F. Hofmann*, Der Unterlassungsanspruch als Rechtsbehelf, 2017, S. 462 ff.
127 *Tillmanns*, MPR 2017, 69, 70; vgl. auch *Bruggmann*, LMuR 2017, 85, 88.
128 *Bruggmann*, LMuR 2017, 85, 88.

Anforderungen an Compliance-Management-Systeme für Lebensmittelunternehmen

Folgen der Rechtsprechung des BGH zur Reichweite des lauterkeitsrechtlichen Unterlassungsanspruchs

Prof. Dr. Olaf Hohmann, Stuttgart*

Die Relevanz von Compliance-Management-Systemen (nachfolgend „CMS") für Lebensmittelunternehmen zeigen die Berichte in den Medien, etwa über mit dem Bakterium Listeria monocytogenes kontaminierte Fleischprodukte eines hessischen fleischverarbeitenden Betriebs, welche im Herbst 2019 ursächlich für den Tod von zwei Menschen und schwere Erkrankungen weiterer Personen waren,[1] und mit dem Bakterium Aermonoas hydrophila/caviae kontaminierte Milchprodukte.[2] In solchen Fällen wird die straf- und bußgeldrechtliche Verantwortlichkeit sowohl der handelnden als auch der untätig gebliebenen Personen sowie Unternehmen gerichtlich aufgeklärt und sanktioniert. Die Existenz oder das Fehlen von CMS sind in solchen Fällen von Bedeutung.

I. Einleitung

Die Bedeutung, die der Existenz oder dem Fehlen von CMS in Straf- und Bußgeldverfahren wegen Verstößen gegen Tatbestände des LFGB und des StGB zukommt, soll hier näher betrachtet werden. Dies setzt zunächst eine Konkretisierung des Begriffs „Compliance" (II.) und der Gründe voraus, die Unternehmen zunehmend veranlassen, CMS zu etablieren (III.). Im Anschluss werden zunächst die allgemeinen Anforderungen an CMS skizziert (IV.), um schließlich auf dieser Grundlage besondere Anforderungen an CMS von Lebensmittelunternehmen exemplarisch aufzuzeigen (V.).

---

1 Vgl. „Zwei Menschen sterben durch Keime in der Wurst", Der Spiegel vom 1.10.2019; abrufbar im Internet unter https://www.spiegel.de/wirtschaft/unternehmen/hessen-zwei-menschen-sterben-durch-keime-in-der-wurst-a-1289734.html; letzter Aufruf am 5.6.2020.
2 Vgl. „Gefahr in der Milch", Der Spiegel vom 11.10.2019, abrufbar im Internet unter https://www.spiegel.de/gesundheit/diagnose/aeromonas-hydrophila-was-sie-zu-den-milch-bakterien-wissen-sollten-a-1291014.html; letzter Aufruf am 5.6.2020.

* **Prof. Dr. Olaf Hohmann** ist bei EWB Rechtsanwälte in Stuttgart tätig und Honorarprofessor an der Universität Greifswald. Dieser Beitrag ist zudem in DLR, 2020, 397 ff., erschienen.

II. Was ist „Compliance"?

Der Ursprung des Begriffs „Compliance" als Bestandteil der wissenschaftlichen Fachsprache liegt in der Medizin. Dort steht „Compliance" für die Therapietreue des Patienten. „Compliant" verhält sich der Patient, der Weisungen seines Arztes befolgt. In der Pharmakologie und im Gesundheitssektor wird bis heute mit „Compliance" die Befolgung von Einnahme- und Dosierungsempfehlungen bestimmter Medikamente verbunden.

Die rechtswissenschaftliche Bedeutung des Begriffs „Compliance" hat ihre Wurzeln in den USA. Ende der 1980er Jahre begann sich in den USA ein strafrechtliches Verständnis von Compliance herauszubilden. Mit dem Begriff „Compliance" werden in den USA alle Maßnahmen bezeichnet, die der Sicherstellung des gesetzes- und richtlinienkonformen Manager- und Mitarbeiterverhaltens dienen.

Etwa in den 1990er Jahren wurde der Begriff „Compliance" von der deutschen Rechtswissenschaft und Unternehmenspraxis adaptiert. Die seit 1998 geltende Fassung des § 91 Abs. 2 AktG verpflichtet Aktiengesellschaften, „ein Überwachungssystem einzurichten, damit den Fortbestand der Gesellschaft gefährdende Entwicklungen früh erkannt werden".

Das Landgericht München I verurteilte 2010 ein von der Siemens AG persönlich in Anspruch genommenes Vorstandsmitglied, Schadenersatz in Höhe von 15 Mio. EUR an die Gesellschaft zu zahlen. Der Schadenersatzanspruch wurde damit begründet, dass das Vorstandsmitglied es pflichtwidrig unterlassen habe, ein funktionierendes CMS einzurichten („Verletzung der Legalitätskontrollpflicht").

Im Laufe der Jahre hat sich in Deutschland ein allgemeines Verständnis von Compliance herausgebildet. Danach hat der Begriff zwei Ausprägungen.

Zum einen fällt darunter das Bemühen um die Einhaltung von Gesetzen und die Befolgung unternehmensinterner Regeln. Zum anderen soll eine zivilrechtliche Haftung und strafrechtliche Sanktionierung des Unternehmens und seiner Organe abgewendet werden, wenn es zu Gesetzes- und Regelverstößen kommt.

Beide Aspekte setzen eine rechtlich ordnungsgemäße und systematische Organisation eines Unternehmens voraus, deren Zweck die bestmögliche Gewährleistung der Befolgung von Gesetzen und unternehmensinternen Regeln ist.

III. Warum Compliance?

1. „Klimawandel"

Die Bedeutung von CMS ist in letzten zwei Jahrzehnten signifikant gestiegen. Ein Indikator hierfür ist unter anderem die Flut an Fachpublikationen: Bücher, Zeitschriften und Aufsätze. Hierfür gibt es vor allem drei Gründe:

Eine gesetzliche Pflicht, CMS zu installieren, besteht nur ausnahmsweise.[3] Ein Grund für die gestiegene und gegenwärtig weiter steigende Bedeutung von CMS ist ein „Klimawandel" im Strafrecht: Die strafrechtliche Verfolgungspraxis hat sich in den letzten zehn Jahren grundlegend gewandelt. In der Vergangenheit stand trotz eines Unternehmensbezugs der inkriminierten Handlung überwiegend der einzelne handelnde Mitarbeiter im Fokus der Ermittlungen. Nunmehr steht die straf- und bußgeldrechtliche Verantwortlichkeit der Organe und leitenden Angestellten im Zentrum.

Zudem ist die Entdeckungswahrscheinlichkeit von Verstößen gegen geltendes Recht auch und gerade im Umgang mit Lebensmitteln und damit das Risiko strafrechtlicher Ermittlungen in den letzten Jahren deutlich angestiegen. Hierzu tragen sowohl die technische Entwicklung, die neue Analyseverfahren ermöglicht, als auch Verschärfungen des Kennzeichnungsrechts bei.

Schließlich werden die strafrechtlichen und außerstrafrechtlichen Folgen von Verstößen immer mehr verschärft.

2. Vermögensabschöpfung

§ 73 StGB ermöglicht die Einziehung des vom Täter aus der Tat Erlangten. Die §§ 73a ff. StGB ermöglichen zudem die Einziehung des bei der Tat erlangten Etwas bei begünstigten Dritten und die Einziehung von Wertersatz. Das Gesetz zur Reform der strafrechtlichen Vermögensabschöpfung vom 13.04.2017 hat § 73 StGB und seine Bedeutung für die Praxis nachhaltig geändert. Nach der am 01.07.2017 in Kraft getretenen Fassung des § 73 StGB ist die Einziehung des aus der Tat Erlangten zwingend.[4] Zuvor stand die Einziehung, seinerzeit Verfall genannt, noch im Ermessen des Gerichts.

Eine besondere Härte erfährt die Einziehung dadurch, dass sie grundsätzlich auf den Brutto-Ertrag („Umsatz") gerichtet ist und etwaige Aufwendungen den Einziehungsbetrag nicht mindern können.[5] Bringt ein Lebensmittelunternehmen ein Lebensmittel mit unrichtiger und den Verbraucher täuschender

---

[3] Hauschka/Moosmayer/Lösler/*Hauschka/Moosmayer/Lösler*, Corporate Compliance, 3. Aufl. 2016, § 1 Rn. 31.
[4] NK-StGB/*Saliger*, 5. Aufl. 2017, StGB § 73 Rn 38.
[5] *Köhler*, NStZ 2017, 497, 502.

Kennzeichnung in den Verkehr, wird die Einziehung der vollständigen mit dem Vertrieb des inkriminierten Produkts erzielte Umsätze angeordnet. Die Aufwendungen für den Einkauf des Produkts und gegebenenfalls die Herstellungskosten bleiben dabei unberücksichtigt.

3. Ordnungswidrigkeitsrecht

Das Ordnungswidrigkeitsrecht ermöglicht die Verhängung erheblicher Bußgelder gegen Leitungspersonen von Unternehmen und auch gegen das Unternehmen selbst.

Nach § 130 OWiG kann ein Bußgeld gegen den Inhaber eines Unternehmens verhängt werden, *„wenn er Aufsichtsmaßnahmen unterlässt, die erforderlich sind, um in dem Unternehmen Zuwiderhandlungen gegen Pflichten zu verhindern, die den Inhaber treffen und deren Verletzung mit Strafe oder Geldbuße bedroht ist, [...] , wenn eine solche Zuwiderhandlung begangenen wird, die durch gehörige Aufsicht verhindert oder wesentlich erschwert worden wäre"*. Daneben ermöglicht § 30 OWiG, ein Bußgeld gegen das Unternehmen selbst zu verhängen, wenn u. a. ein vertretungsberechtigtes Organ oder eine sonstige verantwortlich handelnde Person (z. B. in leitender Position mit Kontrollbefugnissen) *„eine Straftat oder Ordnungswidrigkeit begangen haben, durch die Pflichten, welche die juristische Person oder die Personenvereinigung treffen, verletzt worden sind."*

Die Ordnungswidrigkeit nach § 130 OWiG ist für den Unternehmensinhaber sowie i. V. m. § 9 OWiG für Leitungspersonen mit einer Geldbuße von bis zu einer Million EUR bedroht. Die Geldbuße für Unternehmen kann nach § 30 OWiG bis zu zehn Millionen EUR betragen.

Allerdings ermöglicht § 17 Abs. 4 OWiG, die Obergrenze des Bußgeldrahmens zu überschreiten. Danach soll *„die Geldbuße den wirtschaftlichen Vorteil, den der Täter aus der Ordnungswidrigkeit gezogen hat, übersteigen. Reicht das gesetzliche Höchstmaß hierzu nicht aus, so kann es überschritten werden."*

Zwei Beispiele hierzu aus jüngerer Zeit: Gegen die Porsche AG wurde im Zusammenhang mit Diesel-Skandal ein Bußgeld in Höhe von 535 Millionen EUR verhängt.[6] Die Staatsanwaltschaft ging davon aus, dass seit 2009 fahrlässig Aufsichtspflichten verletzt worden sind. Mit vergleichbarer Begründung war

---

6 „Porsche muss mehr als 500 Millionen Euro Strafe bezahlen", Handelsblatt vom 7.5.2019; abrufbar im Internet unter: https://www.handelsblatt.com/unternehmen/industrie/dieselskandal-porsche-muss-mehr-als-500-millionen-euro-strafe-bezahlen/24312574.html?ticket=ST-1003639-lD7kbsHKUblJnfJjLIrx-ap5, letzter Aufruf am 5.6.2020.

bereits zuvor gegen die Audi AG ein Bußgeld in Höhe von 800 Millionen EUR verhängt worden.[7]

Für mittelständische Unternehmen kann bereits bei Ordnungswidrigkeiten mittlerer Schwere (allein) nach § 30 OWiG ein existenzbedrohendes Bußgeld verhängt werden. Bei mittelschweren Verstößen wird das Bußgeld regelmäßig etwa in der Mitte des Bußgeldrahmens festgesetzt, also bei etwa fünf Millionen EUR.

4. Information der Öffentlichkeit

Die nach § 40 Abs. 1a LFGB mögliche Information der Öffentlichkeit ist ihrerseits geeignet, die Reputation eines Lebensmittelunternehmens zu beschädigen.

5. Compliance-Management-Systeme

Diesen Sanktionsrisiken sollen CMS entgegenwirken. Wiederum ist Vorbild die Entwicklung im amerikanischen und angelsächsischen Recht. Seit 1991 enthält Kapitel 8 der US-amerikanischen Strafzumessungsrichtlinie, also der Federal Sentencing Guidelines, eine Regelung, wonach wirksame CMS von grundsätzlicher Bedeutung für die Bemessung einer Sanktion sind. Der 2011 in Kraft getretene UK Bribery Act und die amtlichen Richtlinien hierzu beschreiben die Anforderungen an Vorkehrungen von Unternehmen, die eine Haftung des Unternehmens ausschließen.[8] Für deutsche Unternehmen sind diese Regelungen schon dann relevant, wenn sie geschäftliche Beziehung in die USA oder nach Großbritannien haben.

Ebenfalls in Deutschland erlangen Compliance-Programme zunehmend Bedeutung für die Strafzumessung und Bemessung von Unternehmensgeldbußen.

Der Bundesgerichtshof hat im Jahr 2017 obiter dicta auf die grundsätzliche Berücksichtigung von Compliance-Programmen für die Bemessung der Geldbuße hingewiesen.[9] Namentlich wird dort auf den bußgelderhöhenden Umstand hingewiesen, dass Compliance-Programme nicht vorhanden sind oder Unzulänglichkeiten aufweisen.

---

7 „Audi zahlt im Abgasskandal 800 Millionen Euro Bußgeld", Süddeutsche Zeitung vom 16.10.2018; abrufbar im Internet unter https://www.sueddeutsche.de/wirtschaft/automobilindustrie-audi-zahlt-im-abgasskandal-800-millionen-euro-bussgeld-1.4172059; letzter Aufruf am 5.6.2020.
8 Dazu *Gößwein/Hohmann*, NZWiSt 2013, 361, 365 f.
9 BGH, NStZ 2018, 379.

Bereits im Jahr 2013 hatte das Landgericht München I in dem sogenannten „Ferrostaal"-Verfahren bei der Bestimmung der Geldbuße interne Ermittlungen des Unternehmens ausdrücklich als bußgeldmindernd berücksichtigt.[10]

6. Unternehmensstrafrecht

Seit den 1950er Jahren gibt es im Abstand von etwa 20 Jahren immer wieder Bemühungen, ein Unternehmensstrafrecht zu schaffen. Bislang sind die Bemühungen ohne Erfolg geblieben. In der gegenwärtigen Legislaturperiode haben die Regierungsparteien erneut im Koalitionsvertrag vereinbart, ein „Unternehmensstrafrecht" einzuführen.

Das Bundesministerium für Justiz und Verbraucherschutz hat am 21.4.2020 den mit den übrigen Ressorts abgestimmten Entwurf eines „Gesetzes zur Stärkung der Integrität in der Wirtschaft" veröffentlicht, dessen Kernstück das „Gesetz zur Sanktionierung von verbandsbezogenen Straftaten" („Verbandssanktionengesetz" – VerSanG) ist.[11] Der Entwurf verfolgt das Ziel, die Sanktionierung von Verbänden, deren Zweck auf einen wirtschaftlichen Geschäftsbetrieb gerichtet ist, auf eine eigenständige gesetzliche Grundlage zu stellen, sie dem Legalitätsprinzip zu unterwerfen und durch ein verbessertes Instrumentarium eine angemessene Ahndung von Verbandstaten zu ermöglichen. Zugleich soll er Compliance-Maßnahmen fördern und Anreize dafür bieten, dass Unternehmen mit internen Untersuchungen dazu beitragen, Straftaten aufzuklären.

Nach Art. 1 § 9 des Entwurfs soll die Verbandsgeldsanktion grundsätzlich bis zu zehn Millionen EUR betragen. Insoweit ist keine Änderung gegenüber dem geltenden Recht der Ordnungswidrigkeiten vorgesehen.

Hingegen schlägt § 15 des Entwurfs eine Regelung für die Bemessung der Verbandsgeldsanktion vor. Nach dieser im Grundsatz § 46 StGB nachgebildeten Zumessungsregelung sind Grundlage der Zumessung unter anderem die *„vor der Verbandsstraftat getroffenen Vorkehrungen zur Vermeidung und Aufdeckung von Verbandsstraftaten"* (Abs. 3 Nr. 6) sowie die *„nach der Verbandsstraftat getroffenen Vorkehrungen zur Vermeidung und Aufdeckung von Verbandsstraftaten"* (Abs. 3 Nr. 7). Allerdings enthält der Entwurf eines „Gesetzes zur Stärkung der Integrität in der Wirtschaft" keine Regelung dazu, wie CMS im Allgemeinen auszugestalten sind.

---

10 Abrufbar im Internet unter https://www.bmjv.de/SharedDocs/Gesetzgebungsverfahren/ Dokumente/ RefE_Staerkung_Integritaet_Wirtschaft.pdf;jsessionid=C97AF8EA9C200024F32135C E786C2046.2_cid289?__blob=publicationFile&v=1; letzter Aufruf am 5.6.2020.
11 Abrufbar im Internet unter https://www.bmjv.de/SharedDocs/Gesetzgebungsverfahren/Dokumente/RefE_ Staerkung_ Integritaet_Wirtschaft.pdf;jsessionid=C97AF8EA9C200024F32135C E786C2046.2_cid289?__blob=publicationFile&v=1; letzter Aufruf am 5.6.2020.

Hingegen formulieren sowohl die amerikanischen Federal Sentencing Guidelines (Chapter 8 Section B2.1.)[12] als auch die Guidelines zum UK Bribery Act organisatorische Anforderungen an ein CMS.[13] Dazu zählen beispielsweise die Installation von geeigneten Verfahren zur Prävention, ein Bekenntnis der höchsten Führungsebene zu regelgerechtem Verhalten, die Schaffung eines Risikomanagements sowie die Information und Schulung von Mitarbeitern.

Zusammenfassend ist an dieser Stelle damit festzuhalten: Die jedenfalls faktische Notwendigkeit für Unternehmen, ein CMS zu installieren, folgt aus der Notwendigkeit, regelgerechtes Verhalten durch geeignete organisatorische Maßnahmen sicherzustellen, um schwerwiegende und gegebenenfalls existenzbedrohende Sanktionen für das Unternehmen abwenden zu können.

IV. Anforderungen an Compliance-Management-Systeme

Damit ist allerdings die Frage noch nicht beantwortet, wie ein CMS konkret auszugestalten ist.

- Welche Anforderungen sind an die interne Organisation des Unternehmens zu stellen, um „Regeltreue" zu gewährleisten?
- Wie ist beispielsweise sicherzustellen, dass legislatorische und unternehmensinterne Vorgaben beachtet und eingehalten werden?
- Abstrakt formuliert: Wie sind die tatsächlichen und rechtlichen Verhältnisse im Unternehmen auszugestalten, dass keine Umstände eintreten, auf deren Grundlage die Zuschreibung von bedingten Vorsatz möglich ist, falls es trotz aller Vorkehrungen ein Straf- oder Bußgeldtatbestand objektiv verwirklicht wird?

Ein CMS, das vor allem der Sicherstellung gesetzeskonformen Verhaltens dient, muss notwendigerweise Schwerpunkte setzen, um Compliance auf die Risikosituation des Unternehmens anzupassen. Die für das Unternehmen charakteristischen Aktivitäten müssen die **Compliance-Ziele** und die Compliance-Maßnahmen bestimmen, die die Erreichung dieser Ziele gewährleisten.[14]

Hat das Unternehmen die spezifischen Compliance-Ziele identifiziert, muss eine **Compliance-Organisation** entwickelt werden. Die Verantwortung für die Aufgabe Compliance obliegt der Unternehmensleitung.[15] Diese Aufgabe

---

12 U.S. Sentencing Guidelines Manual, 2004, § 8 B 2.1 (b).
13 *Dixon/Gößwein/Hohmann*, NZWiSt 2013, 361, 366.
14 *Schulz/Block*, CCZ 2020, 49, 52.
15 Schulz/Block, CCZ 2020, 49, 51.

ist allerdings – wie die ganz überwiegende Zahl von Aufgaben der Unternehmensleitung – einer Delegation zugänglich. Die Aufgabe Compliance wird in der unternehmerischen Praxis überwiegend delegiert. Die möglichen Organisationsmodelle sind vielfältig. Ein allgemeingültiges Modell gibt es nicht.[16]

Der Aufbau einer Compliance Organisation kann bei einer kollegial verfassten Unternehmensleitung bereits mit der Schaffung eines entsprechenden **Verantwortungsbereichs** und dessen Zuweisung an ein oder mehrerer Mitglieder(n) der Unternehmensleitung ansetzen. Entscheidet sich das Unternehmen, bereits auf der Ebene der Unternehmensleitung einen eigenständigen Verantwortungsbereich Compliance zu schaffen und einem einzelnen Organmitglied zu übertragen, liegt eine **horizontale Aufgaben- und Verantwortungsdelegation** vor. Die Haftungsrisiken der ressortunzuständigen Mitglieder der Unternehmensleitung werden reduziert, wenn auch nicht völlig ausgeschlossen. Dem „unzuständigen" Organmitglied verbleiben gegenüber dem jeweils „zuständigen" Organmitglied im Hinblick auf die übertragenen Verantwortungsbereiche grundsätzlich Informations- und Überwachungspflichten. Diese können aber unter engen Voraussetzungen zu einer Interventionspflicht erstarken.[17]

Unabhängig davon, ob die Compliance-Verantwortung horizontal delegiert wird, erfolgt in der Praxis regelmäßig eine **vertikale Delegation** der Aufgabe Compliance auf die der Unternehmensleitung nachgeordneten Funktionsbereiche. Diese vertikale hat wie die horizontale Delegation eine Reduzierung der Haftungsrisiken der Mitglieder des Geschäftsleitungsorgans bzw. des ressortzuständigen Mitglieds der Geschäftsleitung zur Folge. Die zur horizontalen Aufgabendelegation aufgezeigten Grundsätze gelten entsprechend. Vorausgesetzt hierfür ist stets die Übertragung der Aufgabe an sachgerecht ausgewählte, fachlich ausreichend qualifizierte und kompetente Mitarbeiter. Diesen müssen zu dem ausreichende technische und personelle Ressourcen zur Verfügung gestellt werden, damit sie die übertragene Aufgabe auch tatsächlich erfüllen können. Die delegierenden Unternehmensleiter dürfen unter diesen Voraussetzungen grundsätzlich auf eine sorgfältige und rechtmäßige Aufgabenerfüllung vertrauen. Es verbleiben allerdings auch insoweit Informations- und Überwachungspflichten, die stets dann zu einer Handlungs- und Interventionspflicht erstarken, wenn Anhaltspunkte für eine unsorgfältige oder gar rechtswidrige (Nicht-) Erfüllung der übertragenen Aufgabe erkennbar werden. Die vertikale Delegation der Aufgabe Compliance kann auch mehrstufig erfolgen.[18]

---

16 *Gößwein/Hohmann*, BB 2011, 963, 964f.
17 *Gößwein/Hohmann*, BB 2011, 963, 964f.
18 *Gößwein/Hohmann*, BB 2011, 963, 965.

Unabhängig vom Organisationmodell eines CMS sollte dieses in einem **Organigramm** dokumentiert werden. Ebenfalls empfiehlt sich die Dokumentation der Aufgaben- und Verantwortungsdelegation. Zwar gibt es keine gesetzlichen Vorgaben, die eine entsprechende Dokumentation erfordern, jedoch dient diese im Falle eines Straf- oder Bußgeldverfahrens Beweiszwecken.[19]

Die so entwickelte Compliance-Organisation hat die Aufgabe, **Verhaltensgrundsätze** für das Unternehmen und dessen Mitarbeiter sowie Compliance-Richtlinien zu erstellen.[20] Die Verhaltensgrundsätze und Compliance-Richtlinien müssen den spezifischen Erfordernissen eines Unternehmens entsprechen. Das CMS bedarf der ständigen Überwachung und Fortschreibung durch die Compliance-Verantwortlichen. Aufgabe einer Compliance-Organisation ist zu dem die Aufklärung und Sanktionierung von etwaigen Compliance-Verstößen.[21]

Schließlich sollte ein CMS regelmäßige und anlassbezogene **Compliance-Berichte** der Compliance-Verantwortlichen an die delegierenden Mitglieder der Unternehmensleitung vorsehen. Nur hierdurch können die Mitglieder der Unternehmensleitung zuverlässig die ihnen im Falle der Aufgaben- und Verantwortungsdelegation verbleibenden Informationspflichten ausüben.[22]

V. Anforderungen an CMS in Lebensmittelunternehmen

Die Anforderungen an Compliance in Lebensmittelunternehmen unterscheiden sich zunächst nicht von Compliance-Anforderungen in anderen Unternehmen. Wie jedes Unternehmen hat auch ein Lebensmittelunternehmen u. a. die arbeitsrechtlichen Regelungen, die Vorschriften zur Sicherheit am Arbeitsplatz, das Steuerrecht, Kartell- und Wettbewerbsrecht zu beachten. Hinzu treten die charakteristischen Anforderungen an Compliance in Lebensmittelunternehmen. Insoweit gibt es zwei Compliance-Ziele, nämlich zum einen die Sicherheit der Lebensmittel und zum anderen der Schutz des Verbrauchers vor Täuschung.[23]

Die Grundzüge des Lebensmittelrechts sind u. a. durch die sogenannte Basis-VO (Verordnung [EG] Nr. 178/2002, ABl. L 31, S. 1 ff.), das Hygienepaket (mit u. a. der HygieneVO 852/2004) und ergänzend im nationalen Recht (wie dem LFGB) geregelt. Im Hinblick auf den Aspekt der Lebensmittelsicherheit lassen

---

19 *Schulz/Block*, CCZ 2020, 49, 53.
20 *Schulz/Block*, CCZ 2020, 49, 52.
21 *Schulz/Block*, CCZ 2020, 49, 52.
22 *Schulz/Block*, CCZ 2020, 49, 53.
23 Hauschka/Moosmayer/Lösler/*Riemer*, Corporate Compliance, 3. Aufl. 2016, § 58 Rn. 2 f.

sich sowohl betriebsspezifische als auch produktspezifische Compliance-Ziele definieren.[24]

Die einen Lebensmittelunternehmer treffenden Sorgfaltspflichten differieren danach, ob es sich um einen Hersteller, Importeur, Groß- oder Einzelhändler von Lebensmittel handelt. Die einzuhaltenden Sorgfaltspflichten bestimmen die Compliance-Ziele.

Ein Compliance-Management-System eines Herstellers von Lebensmitteln muss nicht nur sicherstellen, dass in dem Unternehmen die Hygienevorschriften eingehalten werden. Weil der Hersteller bereits durch den Rohwareeinkauf die Herstellung des Lebensmittels in seinem Betrieb beeinflusst, ist eine wichtige Komponente eines CMS die Sicherstellung einer ausreichenden Prüfung der Qualität der eingekauften Rohware.[25] Beispielsweise muss es Vorgaben dazu enthalten, wie und auf welche spezifischen Parameter die eingekaufte Rohware zu prüfen ist. Daneben muss auch gewährleistet werden, dass die Produktionsmittel (Maschinen, Werkzeuge) Transportbehälter und -verpackungen für den Lebensmittelkontakt geeignet sind.

Den Importeur von Lebensmittel treffen die gleichen Pflichten wie den Hersteller, weil er als Erstinverkehrbringer Lebensmittel in das europäische Inland einführt.[26] Da in einem Drittstaat der Hersteller nicht dem EU-Lebensmittelrecht unterliegt, muss das CMS eines Importeurs von Lebensmittel sicherstellen, dass die Sorgfaltspflichten nach dem europäischen und nationalen Recht beim Hersteller eingehalten werden.

Hingegen hat der Großhändler im Rahmen der Stufenverantwortung „nur" sicherzustellen, dass sich in seinem Einflussbereich die Ware nicht verschlechtert.[27] Sein CMS muss daher gewährleisten, dass die erforderlichen Stichproben und Kontrollen erfolgen, um die Erhaltung der Qualität des Lebensmittels zu gewährleisten.

Demgegenüber ist der Einzelhändler „lediglich" verpflichtet, das Erzeugnis im Hinblick auf die Verpackung zu prüfen.[28] Sein Compliance-Management-System muss gewährleisten, dass das Lebensmittel auf das Vorhandensein der Pflichtetikettierung und die äußerliche Unversehrtheit geprüft wird. Weiter muss das System gewährleisten, dass die empfohlenen Aufbewahrungsbedingungen eingehalten werden.

---

24 Hauschka/Moosmayer/Lösler/*Riemer*, Corporate Compliance, 3. Aufl. 2016, § 58 Rn. 4.
25 ausführlich hierzu Meyer/Streinz/*Meyer*, LFGB – BasisVO, 2. Aufl. 2012, Art. 17 BasisVO Rn. 18 ff.
26 Meyer/Streinz/*Meyer*, LFGB – BasisVO, 2. Aufl. 2012, Art. 17 BasisVO Rn. 29 ff.
27 Meyer/Streinz/*Meyer*, LFGB – BasisVO, 2. Aufl. 2012, Art. 17 BasisVO Rn. 35 ff.
28 Meyer/Streinz/*Meyer*, LFGB – BasisVO, 2. Aufl. 2012, Art. 17 BasisVO Rn. 39 ff.

Ebenfalls muss das CMS eines jeden Lebensmittelunternehmens sicherstellen, dass die produktspezifischen Anforderungen eingehalten werden.[29] Hierzu zählt neben der Sicherstellung, dass etwa erforderliche behördliche Genehmigungen vorliegen, vor allem, dass die Herstellung von Lebensmittel unter Beachtung des HACCP-Konzeptes und der dort vorgesehenen Verfahren erfolgt. Dies umfasst je nach Lebensmittel und Produktionsprozess spezifische Vorkehrungen gegen physikalische Gefahren durch Glasbruch oder Holzsplitter, aber auch den Ausschluss biologischer Gefahren durch geeignete Behandlungen (kühlen, kochen) und durch Kontrollen auf gesundheitsschädliche Bakterien. Schließlich muss ein Aspekt der produktspezifischen Compliance die Gewährleistung von Täuschungsschutz und Kennzeichnung des Lebensmittels sein. Das bedeutet, dass Aufmachung, Anpreisung und Werbung nicht irreführend sein dürfen. Diesbezüglich muss ein wirksames CMS sicherstellen, dass neue Vorschriften ebenso wie die Änderung von Vorschriften und insbesondere die einschlägige Rechtsprechung beachtet werden. Schließlich muss die produktspezifische Compliance sicherstellen, dass die Rückverfolgbarkeit eines Lebensmittels gewährleistet ist.[30] Dies ist insbesondere bei einem Vorfall von Bedeutung, der den Rückruf eines Lebensmittels notwendig macht. Hier stellt eine Rückverfolgbarkeit sicher, dass alle produzierten Lebensmittel zurückgerufen werden können.

Compliance-Verantwortlicher ist der Lebensmittelunternehmer.[31] Das ist derjenige, der für die Einhaltung des Lebensmittelrechts in der Organisation des Lebensmittelunternehmens einzustehen hat (vgl. Art. 3 Nr. 3 Basis-VO), also grundsätzlich der Inhaber des Betriebs. Dieser kann – wie oben dargelegt – die Aufgabe Compliance sowohl horizontal als auch vertikal delegieren. Der Delegationsadressat muss geeignet und qualifiziert sein, die übertragene Aufgabe zu erfüllen. Er muss die hierfür erforderliche Ausbildung besitzen oder entsprechend eingewiesen sein.[32] Soweit für bestimmte Tätigkeiten eine gewerberechtliche und lebensmittelrechtliche Zuverlässigkeit der eingesetzten Person vorausgesetzt ist, ist diese ebenfalls sicherzustellen.

Schließlich muss ein CMS in Lebensmittelunternehmen die Adressaten für Hinweise auf Verstöße gegen geltende gesetzliche und unternehmensinterne Regelungen sowie für identifizierte Verdachtslagen betreffend die Lebensmittelsicherheit und -kennzeichnung bestimmen. Auch insoweit muss sichergestellt sein, dass alle in die Berichtslinie eingebundenen Personen ausreichend qualifiziert sind. Dies gilt auch im Hinblick auf die in CMS vorgesehenen Per-

---

29 Hauschka/Moosmayer/Lösler/*Riemer*, Corporate Compliance, 3. Aufl. 2016, § 58 Rn. 38 ff.
30 Meyer/Streinz/*Meyer*, LFGB – BasisVO, 2. Aufl. 2012, Art. 18 BasisVO Rn. 15 ff.
31 Hauschka/Moosmayer/Lösler/*Riemer*, Corporate Compliance, 3. Aufl. 2016, § 58 Rn. 16.
32 Hauschka/Moosmayer/Lösler/*Riemer*, Corporate Compliance, 3. Aufl. 2016, § 58 Rn. 21.

sonen, die für die Aufklärung und Sanktionierung von Compliance-Verstößen verantwortlich sind.

Nicht zuletzt sollte ein CMS in Lebensmittelunternehmen die Organisation eines Krisenmanagements beschreiben.[33] Eine solche Beschreibung darf nicht starr sein, da vielfältige Ursachen für eine Krise in Betracht kommen.

VI. Fazit

Aktuelle Entwicklungen in der Rechtsprechung und Gesetzgebung zeigen, dass Compliance-Maßnahmen bei Verstößen gegen gesetzliche Regelungen zu milderen Sanktionen führen oder gar Sanktionen ausschließen können. CMS sind deshalb ein notwendiges Element des Schutzes eines Lebensmittelunternehmens sowie seiner Organe und Mitarbeiterinnen und Mitarbeiter. Weil für Lebensmittelunternehmen keine gesetzlichen Vorgaben für die Ausgestaltung eines CMS existieren, muss dieses auf die spezifischen Risiken von Lebensmittelunternehmen ausgerichtet und effektiv ausgestaltet sein. Anderenfalls wird der damit verfolgte Zweck verfehlt.

---

33 Hauschka/Moosmayer/Lösler/*Riemer*, Corporate Compliance, 3. Aufl. 2016, § 58 Rn. 87 ff.

Bruttoprinzip bei Zuwiderhandlungen im Lebensmittelrecht – maßloses Einziehungsrecht?

Prof. Dr. Nikolaus Bosch, Bayreuth*

Als im Juli 2017 das Gesetz zur Reform der strafrechtlichen Vermögensabschöpfung in Kraft trat, befielen nicht wenige Autoren dunkle Vorahnungen über die erheblichen finanziellen Auswirkungen, die das Gesetz zur Neuregelung der strafrechtlichen Vermögenseinziehung auf die Lebensmittelindustrie haben könnte.[1] Ausgangspunkt der Reform war die Beobachtung, dass die Vorgängerregelung des sog. Verfalls nicht die ihr zugedachte Praxisrelevanz erlangen konnte. Sie wurde einerseits als zu kompliziert angesehen, beinhaltete anderseits aber vor allem einige für die Strafverfolgung schwer kalkulierbare Anwendungshemmnisse.[2] Infolgedessen erlangte die Einziehung vor der Reform lediglich eine gewisse praktische Bedeutung im Bereich der Betäubungsmittelkriminalität, während sich mit ihr verbundene Hoffnungen der Geldwäsche- und Korruptionsbekämpfung nicht bestätigt hatten.[3] Auch unionsrechtlich kann insbesondere der Kontroll-VO[4] sowie der Richtlinie über die Sicherstellung und Einziehung von Tatwerkzeugen und Erträgen aus Straftaten[5] eine gewisse Impulsfunktion auf die Gesetzgebung zugebilligt werden, auch wenn gerade das hier im Mittelpunkt stehende Bruttoprinzip unionsrechtlich nicht zwingend vorgegeben ist.[6]

---

1 Vgl. auch *Meisterernst/Vergho* ZLR 2019, 52.
2 Vgl. BT-Drucks. 18/9525, S. 1 f. mit der absurden Feststellung, strafgerichtliche Entscheidungen auf dem Gebiet der Vermögensabschöpfung seien u. a. aufgrund der unpräzisen Fassung der Normen „in hohem Maße fehleranfällig".
3 Vgl. dazu *Nestler*, in: Handbuch des Strafrechts § 67 Rn. 16.
4 Vgl. KontrollVO Verordnung (EU) 2017/625.
5 Zur Richtlinie 2014/42 (EU) vgl. Abl. L 127 vom 29.4.2014, S. 39; L 138 vom 13.5.2014, S. 114.
6 Vgl. zu übernationalen Regelungen *Nestler*, in: Handbuch des Strafrechts § 67 Rn. 13 f. ; zur Bedeutung der Kontroll-VO vgl. *Roffael/Wallau* LMUR 2020, 370 f.

---

* **Prof. Dr. Nikolaus Bosch** ist der Inhaber des Lehrstuhls für Strafrecht I, insbesondere Wirtschaftsstrafrecht und Strafprozessrecht an der Universität Bayreuth. Ebenda ist zudem stellvertretender Direktor der Forschungsstelle für Deutsches und Europäisches Lebensmittelrecht.

I. Systematische Einordnung und Zweckbestimmung der Einziehung

Forderungen, das Recht der Einziehung praxisnaher auszugestalten oder zumindest die Fachkompetenz hinsichtlich dieses Steuerungsinstruments zu erhöhen, kamen auch aus dem Bereich der Lebensmittelkontrolle. Durch die in §§ 73 ff. StGB geregelte Möglichkeit der Einziehung von Taterträgen soll dem Täter oder Teilnehmer einer Straftat oder Ordnungswidrigkeit das genommen werden, was er durch eine rechtswidrige Tat erlangt hat. Gemeinhin wird zur Rechtfertigung dieser Maßnahme eigener Art auf das Gerechtigkeitspostulat verwiesen, dass sich „Verbrechen nicht lohnen dürften".[7] Der BGH hat weniger martialisch festgestellt, dass ein allgemeiner, vor allem im Bereicherungsrecht etwa in § 817 S. 2 BGB zum Ausdruck gebrachter Rechtsgrundsatz bestehe, dass eine mit der Rechtsordnung nicht übereinstimmende Vermögenslage auszugleichen sei.[8] Der Gesetzgeber, große Teile des Schrifttums und die Rechtsprechung, allen voran das Bundesverfassungsgericht, ordnen die Einziehung als eine mit dem Bereicherungsrecht eng verwandte, quasikondiktionelle Maßnahme ein, der kein strafender Charakter zukomme.[9] So hatte etwa das BVerfG zur zwischenzeitlich aufgehobenen Möglichkeit des erweiterten Verfalls festgestellt, dass dieser nicht repressiv-vergeltend wirken soll, sondern eine präventiv-ordnende Funktion habe, damit aber zugleich die Wiederherstellung der verletzten Rechtsordnung bekräftigt.[10]

Seine Bedeutung entfaltet das Recht der Einziehung auch im Ordnungswidrigkeitenrecht. Auch dort können Vermögensvorteile abgeschöpft werden, nach der gesetzlichen Regelung in § 17 IV OWiG primär im Rahmen der Geldbuße durch ihre entsprechende Erhöhung oder gegebenenfalls auch selbständig nach § 29a OWiG. Wird die Einziehung selbständig angeordnet, erfolgt sie nach den gleichen Grundsätzen wie im Strafrecht, d.h. unter paralleler Ausgestaltung des dort maßgebenden Bruttoprinzips. Anders als das Strafverfahren ist das Ordnungswidrigkeitenverfahren allerdings durch das Opportunitätsprinzip geprägt, so dass ob und Höhe der Anordnung der Einziehung grundsätzlich im Ermessen des Anordnenden stehen. Insoweit wird von Beraterkreisen die Einziehung nach dem Ordnungswidrigkeitenrecht teilweise sogar als Vorteil angesehen und beispielhaft auf den Dieselskandal verwiesen, in der die verhängte Unternehmensgeldbuße inklusive der Einziehung im Vergleich zu einer strafrechtlich drohenden Dritteinziehung quasi

---

7 *Bittmann* NZWiSt 2018, 209; *Hellmann* GA 1997, 521, *Nestler*, in: Handbuch des Strafrechts § 67 Rn. 13 f. m. w. N.; NK-*Saliger* vor §§ 73 ff. StGB Rn. 2.
8 BGHSt 45, 235; vgl. auch *Ceffinato* ZWH 2018, 161.
9 Vgl. BVerfGE 110, 1, 14 ff. (Rn. 78); BGHSt 47, 369; *Fischer*, Strafgesetzbuch, § 73 Rn. 4.
10 Vgl. BVerfGE 110, 1 ff.; BGH NStZ 2011, 85; *Nestler*, in: Handbuch des Strafrechts § 67 Rn. 15.

ein Schnäppchen war.[11] Schließlich wurde durch die Ahndung nach OWiG Rechtskraft und damit ein Ausschluss weiterer Vermögensabschöpfung geschaffen. Tatsächlich könnte der vermutlich zugrundeliegende günstige Deal aber politisch motiviert gewesen sein, denn tatsächlich ist ein Vorgehen nach OWiG bei gleichzeitig vorliegender Straftat gesetzeswidrig.

II. Die Beseitigung von Anwendungshemmnissen als Ziel der Reform

Um die Einziehung effektiv auszugestalten hat der Gesetzgeber zunächst durch Aufhebung von § 73 I 2 a. F. ein wesentliches Anwendungshemmnis beseitigt, auf den sich die Strafverfolgungsbehörden nur allzu gerne bei komplizierter Rechtslage berufen hatten.[12] Um eine doppelte Inanspruchnahme des Täters zu verhindern, bestand für den Verfall bei Ansprüchen Dritter ein Anwendungshindernis.[13] Dadurch sollte eine Konkurrenz zwischen der staatlichen Verfallsanordnung und einer zivilrechtlichen Klage des Verletzten einer Straftat vermieden werden. Die Regelung machte gerade für Verfehlungen im Lebensmittelbereich wenig Sinn, denn bei einer Vielzahl kleiner Schäden wie etwa in Fällen des Betrugs durch Verkauf von zu Unrecht als Bioware gekennzeichneten Lebensmitteln werden die Opfer als Endverbraucher kaum den Zivilrechtsweg beschreiten.[14] Die Praxis behalf sich z.T. mit einstweiligen Maßnahmen der Rückgewinnungshilfe, d. h. eines dinglichen Arrests im Hinblick auf den einzuziehenden Geldbetrag, denn dann hatte die fehlende Geltendmachung von Ansprüchen bei Massenschäden einen Auffangrechtserwerb des Staates zur Folge.[15] Für die Praxis war diese frühe Möglichkeit eines Vermögenszugriffs jedoch meist zu kompliziert und vor allem mit zu hohen Haftungsrisiken verbunden. Nach neuem Einziehungsrecht erfolgte auch aus Gründen der Gleichbehandlung aller Opfer die Opferentschädigung deshalb nunmehr im Strafvollstreckungs- (§ 459h StPO) oder im Insolvenzverfahren (§ 111i StPO) und lediglich die eingezogenen beweglichen Sachen des Verletzten sind möglichst zeitnah an diesen herauszugeben (§ 111n II StPO). Ein prozessuales Entschädigungsmodell ersetzt damit die früher vorgesehene Rückgewinnungshilfe. Da das Gericht nunmehr zwingend und ohne Rücksicht

---

11 Vgl. *Meisterernst/Vergho* ZLR 2019, 65 f., die allerdings verkennen, dass das Vorgehen im Dieselskandal nur durch ein gesetzeswidriges Vorgehen der Strafverfolgungsbehörden ermöglicht wurde.
12 Vgl. BT-Drs. 18/9525, S. 2, 46; *Meisterernst/Vergho* ZLR 2019, 53; *Trüg* NJW 2017, 1914.
13 Vgl. *Korte* wistra 2018, 1.
14 Vgl. allgemein *Nestler*, in: Handbuch des Strafrechts § 67 Rn. 18.
15 Vgl. *Nestler*, in: Handbuch des Strafrechts § 67 Rn. 17; Satzger/Schluckebier/Widmaier/*Heine* § 73 Rn. 4 ff.

auf Opferbelange die Einziehung anzuordnen hat, lässt sich zumindest in Teilbereichen beobachten, dass ihre praktische Bedeutung zugenommen hat.

Der Gesetzgeber wollte darüber hinaus das Recht der Vermögensabschöpfung anwenderfreundlicher und in der konkreten Festsetzung berechenbarer gestalten. Vor allem wollte er in Reaktion auf eine Divergenz der Strafsenate des BGH über den Gegenstand der Einziehung[16] das Bruttoprinzip stärken und konkretisieren, um dadurch – wie er ausdrücklich hervorhebt – „nicht vertretbare Abschöpfungslücken schließen".[17] Wie im Folgenden zu verdeutlichen sein wird, hat der Gesetzgeber dieses Ziel allerdings nicht erreicht. Er hat vielmehr zusätzliche Rechtsunsicherheit geschaffen und dadurch den Strafverfolgungs- und Sicherheitsbehörden unbestimmte Handlungsspielräume eröffnet.

III. Undifferenziertes Bruttoprinzip im Lebensmittelrecht?

Um zu verdeutlichen, dass der Gesetzgeber die nach altem Verfallsrecht als zu kompliziert empfundene Rechtslage nicht unbedingt klarer gestaltet hat, sollen an die Spitze der folgenden Ausführungen Problemfälle einer undifferenzierten Anwendung des Bruttoprinzips im Lebensmittelrecht gestellt werden. Bringt beispielsweise ein Erzeugerbetrieb als Bio ausgelobte Eier in Verkehr, obwohl die hierfür nach der ÖkoVO vorgesehenen Anforderungen nicht eingehalten sind, sind die Eier aber als Freilandeier verkehrsfähig, dann ist äußerst zweifelhaft, ob unter Anwendung des Bruttoprinzips alleine wegen der Missachtung eines Verkehrsverbots der gesamte Verkaufspreis abgeschöpft werden kann. Die Lebensmittel sind zwar, sieht man von der falschen Kennzeichnung ab, nicht unsicher, nicht selten könnte aber in diesen Fällen der gesamte Jahresumsatz abgeschöpft werden, was selbstredend regelmäßig zur Insolvenz des Lebensmittelunternehmers führen würde. Besonders zweifelhaft erscheint dieses Ergebnis, wenn die Eier an einen Nudelhersteller veräußert wurden, der die Eier lediglich im Zutatenverzeichnis als Bio-Zutat gekennzeichnet hat und die Nudeln bereits an den Endverbraucher weiterveräußert wurden, der vermutlich nicht einmal den lediglich im Zutatenverzeichnis erfolgten Hinweis auf eine Erzeugung nach ÖkoVO beachtet hat.[18]

---

16 Vgl. dazu *Rübenstahl* NZWiSt 2018, 255f.
17 Vgl. BT-Drs. 18/9525, S. 46f., 48, 57f. und zum Regierungsentwurf auch *Emmert* NZWiSt 2016, 449f., der allerdings zutreffend darauf hinweist, dass zum einen tatsächlich kaum eine Divergenz in der Rechtsprechung der Senate des BGH bestand und zum anderen der Entwurf der Regierung entgegen der klaren gesetzgeberischen Intention (vgl. *Nestler*, in: Handbuch des Strafrechts § 67 Rn. 26) zur Schwächung des Bruttoprinzips beitragen könnte.
18 Vgl. zur gesamtschuldnerischen Haftung für Wertersatz in Verschiebungsfällen BGH NStZ-RR 2020, 343.

Nicht minder problematisch erscheint die Festsetzung des durch einen lebensmittelrechtlichen Verstoß erlangten, wenn in einem Lebensmittelunternehmen Lebensmittel unter Verstoß gegen allgemeine Hygieneanforderungen inverkehrgebracht werden. So stellt sich beispielsweise die Frage, was einzuziehen ist, wenn in einem Discounter während des Verkaufs von Lebensmitteln Bauarbeiten ohne ausreichende Schutzmaßnahmen durchgeführt wurden, so dass unverpackte Lebensmittel einer nachteiligen Beeinflussung, etwa durch Baustaub, ausgesetzt gewesen sein könnten. Kann hier einfach der auf der entsprechenden Verkaufsfläche erzielte Umsatz eingezogen werden und ändert sich die Beurteilung bei Hygieneverstößen, wenn zwar notwendige Hygieneeinrichtungen nicht vorhanden sind, aber unklar bleibt, ob die während des Hygieneverstoßes inverkehrgebrachten Lebensmittel auch stofflich verändert waren.

1. Bruttoprinzip und Dritteinziehung

Wie bereits erwähnt wollte der Gesetzgeber durch die Reform vor allem das Bruttoprinzip konkretisieren und stärken. Bereits nach altem Recht war für den Verfall formal das sog. Bruttoprinzip einschlägig. Nach dem Bruttoprinzip darf der Täter im Grundsatz keine Aufwendungen in Abzug bringen, die im Zusammenhang mit der Begehung einer Straftat oder Ordnungswidrigkeit stehen. Abgeschöpft wird nicht allein der Gewinn, sondern der Umsatz, den der Lebensmittelunternehmer durch die Tat erwirtschaftet hat. Dies gilt ganz unabhängig davon, ob – wie dies gerade im Bereich des Lebensmittelrechts häufig der Fall sein wird – der Täter einer Tat und der Einziehungsbetroffenen bei der Einziehungsentscheidung auseinanderfallen. § 73b sieht vor, dass die Einziehung auch gegen den nichttatbeteiligten Dritten angeordnet werden kann, wenn er durch die Tat etwas erlangt und der Täter für ihn gehandelt hat.

Handelt damit eine natürliche Person bei oder jedenfalls im Zusammenhang mit einer rechtswidrigen Tat im Interesse eines Lebensmittelunternehmens, etwa einer GmbH, dann kann nach § 73b beim Dritten, der GmbH, das durch die Tat Erlangte in gleichem Umfang wie beim Täter eingezogen werden.[19] Obwohl dem Lebensmittelunternehmen selbst kein schuldhaftes Verhalten vorgeworfen werden kann, soll es aus generalpräventiven Erwägungen ebenso wenig wie der Täter getätigte Aufwendungen in Absatz bringen können. Dadurch soll das Unternehmen gezwungen werden, Kontrollmechanismen zur Verhinderung entsprechender Verstöße zu installieren.[20] Gerade im Hinblick auf Unternehmen verdeutlicht diese Begründung, dass eine Einziehung beim Unternehmen vor allem deshalb als legitim angesehen wird, weil vermutet

---
19 Vgl. zur Einziehung bei Dritten u. a. *Bittmann* NZWiSt 2018, 209 ff.
20 So sicher nicht vor allem von Beratungsseite etwa *Meisterernst/Vergho* ZLR 2019, 54.

wird, dass die Straftatbegehung durch ein Organisationsverschulden des Lebensmittelunternehmers ermöglicht wurde. Ansonsten ließe sich auch kaum rechtfertigen, dass beim Dritten im Grundsatz eine verschuldensunabhängige Bruttoeinziehung erfolgt. Das Lebensmittelunternehmen darf unabhängig von der Gutgläubigkeit seiner vertretungsberechtigten Leitungspersonen nur deshalb seine Aufwendungen nicht in Abzug bringen, weil der Täter sie bereits vorsätzlich mit Blick auf eine künftige Straftatbegehung getätigt hat. Es kann sich allenfalls nach § 73e II bei nachträglich eingetretener Entreicherung bei Gutgläubigkeit auf einen Wegfall der Bereicherung berufen.[21]

Das ändert aber nichts daran, dass etwa in den Fällen des Lebensmittelbetrugs der Bruttoerlös der Dritteinziehung unterliegt. Eine verschuldensunabhängige Dritteinziehung war bereits nach altem Recht möglich. Durch die vermutete zunehmende Praxisrelevanz der Dritteinziehung ist es aber durchaus verständlich, wenn vor allem von Seiten der Rechts- und Unternehmensberatung in Stellungnahme zur Reform der Einziehung nunmehr verstärkt die besondere Bedeutung der Etablierung eines funktionierenden Qualitätsmanagementsystems und einer hinreichenden Compliance angemahnt wird. Tatsächlich kann diese aber im Ahndungsfall allenfalls die Höhe eines Bußgeldes nicht aber die Höhe des Einziehungsbetrags beeinflussen.

2. Abzugsverbot (§ 73d StGB) bei Wertersatzeinziehung (§ 73c StGB)

Wenn eine Bruttoeinziehung bereits nach altem Recht möglich war, so muss zu Recht gefragt werden, warum das reformierte Einziehungsrecht nunmehr sein Maß verloren habe und erhebliche Auswirkungen auf die Lebensmittelindustrie haben könnte. Ausgeklammert werden bei der Reflektion dieser Frage Fälle der Einziehung des durch eine Tat Erlangten „in natura", etwa die Einziehung der Tatbeute bei einem Diebstahl, denn diese Fälle haben abgesehen von der Einziehung etwa der für Fälle des Lebensmittelbetrugs verwendeten Apparaturen und Maschinen sowie der Tatprodukte im Lebensmittelrecht fast keine praktische Bedeutung.

Da durch lebensmittelrechtliche Verstöße typischerweise ein bestimmter Umsatz erwirtschaftet wird, muss im Regelfall im Rahmen einer Wertersatzeinziehung nach § 73c StGB normativ bestimmt werden, welche Geldsumme eingezogen werden kann und welche Aufwendung und Gegenleistung hierbei nach § 73d in Abzug gebracht werden können. Liest man die Gesetzesbegründung sowie Stellungnahmen zur Bedeutung des Bruttoprinzips, dann werden verständlicher Weise meist einfach gestrickte Beispiele gebildet, die auch für nicht rechnende Juristen unmittelbar einleuchtend sind. *Meisterernst*

---

21 Vgl. *Korte* NZWiSt 2018, 233.

und *Vergho* führen etwa einen Fall des Betrugs an, den Verkauf einer Produktionsmaschine unter Täuschung über ihre Neuwertigkeit, die tatsächlich aber nur einen um 20.000 € verminderten Zeitwert hat.[22] Da glücklicherweise in diesem Beispiel der Lebensmittelunternehmer die Maschine behalten möchte, sich aber um den täuschungsbedingt erhöhten Verkaufspreis von 20.000 € betrogen fühlt, kann scheinbar einfach gerechnet werden. Grundsätzlich ist der Bruttowert des Taterträges nach §73c abzuschöpfen, allerdings können nach §73d Aufwendungen für das Erlangte in Abzug gebracht werden, sofern die Aufwendung nicht gerade für die Begehung der Tat oder ihre Vorbereitung erfolgten.[23]

Der Gesetzgeber stellt allerdings in §73d zugleich klar, dass vom Abzugsverbot solche Leistungen nicht erfasst sind, die zur Erfüllung einer Verbindlichkeit gegenüber dem Verletzten der Straftat erbracht wurden. Damit lässt sich im Betrugsfall scheinbar leicht rechnen. Der Verkäufer hat das Eigentum in Erfüllung der Verpflichtung aus dem Kaufvertrag verloren und kann diesen Wert von dem gezahlten Kaufpreis in Abzug bringen, so dass nur 20.000 € eingezogen werden können. Wie soll allerdings der Wert bestimmt werden, wenn der Käufer etwa wegen einer Zweckverfehlung den Kaufgegenstand nicht zumutbar verwenden kann, den Kaufvertrag anficht und die Betrugstat vollumfänglich auch das Verpflichtungsgeschäft erfasst?

Und wie sieht es im Eingangsbeispiel aus, wenn der Nudelhersteller die Nudeln mit dieser Kennzeichnung gar nicht inverkehrbringen hätte dürfen, bei dieser Form eines Streu- bzw. Massenschadens die Käufer der Nudeln aber wegen des jeweils äußerst geringen Schadens keine Schadensersatzansprüche gegen den Hersteller geltend machen werden. Soll es auch für diesen Fall dabeibleiben, dass die Produktionskosten für die Lebensmittelherstellung einschließlich des Gegenstandswertes der durch den Erzeuger gelieferten Eier nicht in Abzug gebracht werden dürfen, vielmehr der Bruttoverkaufserlös der Einziehung unterliegt?

3. Verzicht auf eine unmittelbare Kausalbeziehung zwischen Tat und Bereicherung

Auf die unbefriedigende, nicht weiterführende Diskussion, ob es sich, wie allseits behauptet und durch das Bundesverfassungsgericht bestätigt,[24] bei der Einziehung tatsächlich noch um eine quasi-kondiktionelle Maßnahme eigener Art oder nicht vielmehr um eine Sanktion mit strafähnlichem Charakter

---
22 Vgl. *Meisterernst/Vergho* ZLR 2019, 55 f.
23 Zum Aufwendungsabzug vgl. den Überblick bei Satzger/Schluckebier/Widmaier/*Heine* §73d Rn. 3.
24 Vgl. BVerfGE 110, 1, 14 ff. (Rn. 78); BGHSt 47, 369.

handelt,²⁵ soll bei Klärung der Grenzen der Bruttoeinziehung nicht näher eingegangen werden, auch wenn sich das Bruttoprinzip in den Augen des Gesetzgebers und des BGH gerade daraus speist, dass es keinen strafähnlichen Charakter hat. Selbst wenn dies richtig sein sollte, muss doch zumindest der Umfang der Einziehung Verhältnismäßigkeitsgrundsätzen und damit einem ähnlichen Maßstab wie die Strafzumessungsschuld entsprechen.

Vor der Neuregelung der Einziehung im Jahre 2017 wurde für das „erlangte Etwas" verlangt, dass der Tatbeteiligte es unmittelbar aus der Tat oder für die Tat erhalten haben musste.²⁶ Dadurch sollte sichergestellt sein, dass der Wert des Abgeschöpftem dem erlangten Vermögensvorteil entsprach und mittelbar durch die Tat erlangte Vorteile wie Nutzungen nicht umfasst sind. Letztlich entsprach dies auch der Rechtsprechung des Bundesverfassungsgerichts, das zur Vermeidung eines Verstoßes gegen das Schuldprinzip eine „enge Verbindung" zwischen Tat und Vorteilserlangung voraussetzte.²⁷ Es sollte gerade nicht das vom Beteiligten durch die ‚Vermarktung' der Tat Erlangte, d. h. der mittelbare Gewinn erfasst sein, sofern nicht unternehmerische Betätigung als solche strafbar ist.

In § 73 Abs. 1 StGB neuer Fassung wird nun nach dem Willen des Gesetzgebers auf eine „unmittelbare" Kausalbeziehung zwischen Tat und Bereicherung verzichtet. Die Tatbestandsformulierung, das durch oder für die Tat erlangte ist abzuschöpfen, soll klarstellen, dass auch die indirekt durch die Straftat erlangten wirtschaftlichen Vorteile, etwa durch Reinvestition erlangte Gewinne, abzuschöpfen sind.²⁸ Die erforderliche Kausalbeziehung zwischen Tat und erlangtem Etwas soll insoweit allein nach den zivilrechtlichen Grundsätzen des Bereicherungsrechts bestimmt werden. Der Verzicht auf das durch die Rechtsprechung entwickelte Kriterium der Unmittelbarkeit erfolgte u. a. auch deshalb, weil der Gesetzgeber verkannt hatte, dass unabhängig von einer ansonsten über die Geltung des Bruttoprinzips bestehenden Divergenz dieses ungeschriebene (einschränkende) Tatbestandsmerkmal durch alle Senate des

---

25 Vgl. *Mitsch* NZWiSt 2017, 342; *Perron* JZ 1993, 918 und die N. bei *Fischer*, Strafgesetzbuch, § 73 Rn. 5.
26 Vgl. grundlegend BGHSt 50, 299 ff. (durch Bestechung wird nicht der gesamte Werkslohn, sondern nur der Auftrag als solcher erlangt und nur für diesen [d. h. den zu erwartenden „Gewinn"] kann Wertersatz angesetzt werden).
27 BVerfG Beschl. v. 28.1.2004, 2 BvR 152/04, Rn. 4; vgl. dazu weiterführend *Nestler*, in: Handbuch des Strafrechts § 67 Rn. 39 ff.
28 Vgl. etwa zur verkürzten Steuer bei Steuerhinterziehung als „ersparte Aufwendungen" BGH NStZ-RR 2020, 22: „Der Umfang des „erlangten Etwas" i. S. des § 73 Abs. 1 StGB ist nach dem „Bruttoprinzip" zu bemessen, d. h. dass grundsätzlich alles, was der Täter oder Teilnehmer durch oder für die Tat erhalten oder was er durch diese erspart hat, ohne gewinnmindernde Abzüge einzuziehen ist."; vgl. zu gesetzgeberischen Intention auch LK/*Lohse* § 73 Rn. 4, 19, 21 ff.

BGH bejaht wurde, um eine rechtstaatlichen Grundsätzen entsprechende Verhältnismäßigkeit der Einziehung sicherzustellen.

IV. Zweistufiges Verfahren zur Feststellung des Abschöpfungsbetrags

Im Kern wird der Abschöpfungsbetrag nunmehr in einem zweistufigen Verfahren festgestellt. Zunächst wird mit einer schlichten Kausalbetrachtung das erlangte Etwas festgestellt. In einem zweiten Schritt kann der Täter nach der Regel des § 73d diejenigen Tataufwendungen in Abzug bringen, die er zeitlich vor dem Zufluss des rechtswidrigen Vermögensvorteils erbracht hat und die keinen Tatbezug aufweisen.[29] Insoweit besteht allerdings ein Abzugsverbot für die Aufwendungen, die der Täter bewusst und willentlich für die Vorbereitung und Begehung einer Straftat aufgewendet oder eingesetzt hat.[30] Dies soll dem Rechtsgedanken des § 817 S. 2 BGB entsprechen. Was in Verbotenes investiert wird soll unwiederbringlich verloren sein.

Lassen Sie mich dieses zweistufige Verfahren kurz an dem aus der Presse bekannten Fall eines Fleischvermarkters verdeutlichen, dem die Staatsanwaltschaft Bochum vorgeworfen hatte, aufgrund des zu geringen Rindfleischanteils 175 Mio. Packungen falsch deklariertes gemischtes Hackfleisch an unterschiedliche Discounter verkauft zu haben.[31] Erlangt hat der Fleischvermarkter bzw. die GmbH und Co. KG als Drittbetroffener zunächst den Kaufpreis für die 175 Mio. Packungen. Da allein eine Kausalbetrachtung maßgebend ist, spielt es keine Rolle, dass nach Ansicht der Staatsanwaltschaft beim Verkauf des Hackfleischs mangels Vermögensschadens kein Betrug sondern lediglich eine Strafbarkeit wegen falscher Kennzeichnung nach § 59 I Nr. 9 LFGB in Betracht kommt.[32]

Es kann also zunächst nicht normativ unter Berücksichtigung des Schutzzwecks der Kennzeichnung etwa nur die Differenz zwischen falsch und richtig gekennzeichnetem gemischten Hackfleisch als erlangtes Etwas angesehen werden. In einem zweiten Schritt kann dann der Lebensmittelunternehmer die Kosten des Wareneinsatzes in Abzug bringen, es sei denn, die Unternehmensverantwortlichen haben Rind- und Schweinefleisch bewusst erworben

---

29 Diese normative Bestimmung der abzugsfähigen Posten (so etwa *Meisterernst/Vergho* ZLR 2019, 55; *Köhler* NStZ 2017, 503) kann natürlich ebenso für eine Aufweichung des Bruttoprinzips instrumentalisiert werden, wie das Unmittelbarkeitskriterium.
30 Vgl. BT-Drs. 18/9525, S. 55; *Ceffinato* ZWH 2018, 161.
31 Vgl. dazu https://www.sueddeutsche.de/wirtschaft/prozess-gegen-fleischproduzent-toennies-infiziert-und-kontaminiert-1.1063708.
32 Vgl. auch *Ceffinato* ZWH 2018, 161.

oder hergestellt, um gemischtes Hackfleisch mit einem zu geringen Anteil an Rindfleisch inverkehrzubringen. Für diesen Fall besteht ein Abzugsverbot, so dass der vereinbarte Kaufpreis brutto abzuschöpfen ist. Da das Abzugsverbot nur für vorsätzlich getätigte Aufwendungen Bedeutung erlangt, kann der Täter bei fahrlässiger Tatbegehung, etwa dem fahrlässigen Inverkehrbringen gesundheitsschädlicher Lebensmittel, seine Aufwendungen stets in Abzug bringen. Umstritten sind lediglich Fälle, in denen der Einziehungsbetroffene die Rechtswidrigkeit seines Verhaltens nicht erkennt, im Lebensmittelrecht angesichts der bereits hinreichend dargestellten Blanketttechnik sicher kein Einzelfall. Insoweit liegt in strafrechtlichen Kategorien jedoch lediglich ein Verbotsirrtum vor, der begrifflich zwingend den Vorsatz und damit die Möglichkeit einer Bruttoeinziehung jedenfalls nach dem klaren Gesetzeswortlaut unberührt lässt.[33]

Bedenkt man im Beispiel des Fleischvermarkters, dass die Lieferungen nach Behauptung der Staatsanwaltschaft über mehrere Jahre hinweg erfolgten, müsste aufgrund des systematischen Vorgehens davon ausgegangen werden, dass die Aufwendungen vorsätzlich erfolgten und damit ein Abzugsverbot besteht. Insoweit ist auch nicht die Rückausnahme des Abzugsverbots in § 73d einschlägig, die einen Abzug lediglich dann gestattet, wenn es sich um Leistungen zur Erfüllung einer Verbindlichkeit gegenüber dem Verletzten der Tat handelt. Selbst wenn man den Verkaufspreis des gemischten Hackfleischs mit vielleicht 50 Cent sehr niedrig ansetzt, sind die wirtschaftlichen Folgen einer Einziehung von 87,5 Mio. € ohne Berücksichtigung des Herstellungsaufwands für ein nicht ganz so wirtschaftlich potentes Lebensmittelunternehmen klar zu prognostizieren. Eine Insolvenz und damit die wirtschaftliche Todesstrafe liegt schon deshalb nahe, weil der Gesetzgeber auch eine im alten Recht noch vorgesehene Härtefallklausel gestrichen hat und eine allenfalls im Rahmen der Vollstreckung mögliche Berücksichtigung von Billigkeitserwägungen regelmäßig zu spät kommen wird.

Lässt man – wie nunmehr geregelt – eine bloße Kausalbeziehung genügen, dann sind damit die Probleme einer einschränkenden Bewertung des Kausalzusammenhangs dennoch keineswegs gelöst. Scheinbar leicht lässt sich die Kausalbeziehung noch beim Inverkehrbringen eines gesundheitsschädlichen Lebensmittels feststellen. Da hier ein Verkehrsverbot zum Schutz der Gesundheit besteht und damit die Lebensmittel jedenfalls so nicht in Verkehr gebracht werden hätten dürfen, lässt sich dem äußeren Anschein nach problemlos eine Kausalbeziehung zwischen Verstoß und dem erzielten Umfang annehmen. Wären im Eingangsbeispiel die unverpackten Lebensmittel durch

---

33 Ausführlich zu den Konsequenzen eines Verbotsirrtums auf die Einziehung *Schäuble/Pananis* NStZ 2019, 70 f.

gesundheitsschädlichen Baustaub verunreinigt oder das servierte Essen mangels ausreichender Hygiene mit Salmonellen verunreinigt, dann kann der Verstoß nicht hinweggedacht werden, ohne dass die Bereicherung, d. h. der erzielte Umsatz wegfallen würde. Gilt dies aber auch uneingeschränkt für Lebensmittel, für die etwa wie bei Novel Food aus Gründen der Gesundheitsvorsorge eine Zulassungspflicht besteht und zwar – wie dies im Schrifttum behauptet wird – selbst dann, wenn die Lebensmittel zulassungsfähig wären.[34] Für fahrlässige Verstöße gegen Genehmigungspflichten im Rahmen des AWG hatte der BGH dies verneint, denn der Täter, der fahrlässig eine Genehmigungspflicht für die Ausfuhr seiner Güter verkenne, setze sein Vermögen nicht bewusst ein, um Umsatz zu generieren. Für Fahrlässigkeit hat der BGH deshalb den Abschöpfungsbetrag auf die für die Genehmigung ersparten Aufwendungen begrenzt.[35]

V. Festsetzung der Kausalbeziehung unabhängig vom Zweck des jeweiligen Verkehrsverbotes?

Noch weitergehend muss allerdings gefragt werden, ob die Festsetzung der Kausalbeziehung zum erlangten Etwas stets unabhängig vom Zweck des jeweiligen Verkehrsverbotes zu erfolgen hat, etwa auch dann, wenn Lebensmittel aus nicht gesundheitsbezogenen Gründen nicht verkehrsfähig sind. Stammen beispielsweise die im Eingangsbeispiel an den Nudelhersteller veräußerten Eier nicht aus Bodenhaltung, weil die Höchstbelegzahlen überschritten waren und hätten die Eier deshalb allenfalls als Eier aus Käfig- oder Kleingruppenhaltung inverkehrgebracht werden können, erscheint es unangemessen, den gesamten Umsatz einzuziehen, schließlich besteht in der EU das betreffende Verkehrsverbot vorrangig aus Tierschutzgründen. Dennoch sind auch diese Eier in der EU nicht verkehrsfähig. Sie können deshalb „nur aufgrund des Verstoßes" in Verkehr gebracht werden, was eine Abschöpfung des Bruttoumsatzes nahezulegen scheint. Die Rechtsprechung des BGH hat eine vergleichbare Schlussfolgerung tatsächlich in Einzelfällen gezogen. Sie erachtet es beispielsweise für zulässig, einem Transportunternehmen, dessen Fahrer bei einem Transport von Spanien nach Polen über Deutschland gegen

---

34 So *Meisterernst/Vergho* ZLR 2019, 58; abweichend zum alten Recht noch *Hering/Hering* ZLR 2014, 546 f.
35 Vgl. noch zum alten Recht BGHSt 57, 79 ff.; anders wenn das Geschäft nach dem Außenwirtschaftsgesetz selbst verboten war, dann lag der Vorteil im gesamten Geschäft, vgl. BGHSt 47, 369 ff. und dazu auch *Emmert* NZWiSt 2016, 449; anders LG Kiel BeckRS 2019, 10678: Abschöpfung des gesamten Erlöses, wenn eine Lieferung unter Verstoß gegen das AWG zwar genehmigungsfähig, eine Genehmigung aber unsicher sei; zur Pflicht des Arbeitgebers, Arbeitgeber und Arbeitnehmeranteil an die gesetzlichen Kassen abzuführen, vgl. nach neuem Recht BGH ArbAktuell 2020, 655 (Gesamtbetrag als ersparte Aufwendungen).

das Sonntagsfahrverbot verstoßen hat, den für diese Fahrt erwirtschafteten Transportlohn in voller Höhe einzuziehen.[36]

Noch unklarer dürfte die Bestimmung und normative Bewertung der Kausalbeziehung bei Verstößen sein, die keine Auswirkungen auf die Verzehrstauglichkeit des Lebensmittels haben können. Paradebeispiel hierfür sind sicherlich die bereits erwähnten Kennzeichnungsverstöße.[37] *Meisterernst* und *Vergho* meinen auch hier i. S. einer naturalistischen Kausalbetrachtung danach differenzieren zu können, ob die fehlerhafte Kennzeichnung Einfluss auf die Kaufentscheidung eines Verbrauchers hat.[38] Ein Ursachenzusammenhang soll insoweit im Wege einer rein tatsächlichen Betrachtungsweise nur dann bejaht werden können, wenn der Kennzeichnungsverstoß nicht hinweggedacht werden kann, ohne dass die Bereicherung entfällt. Es muss damit nach ihrer Auffassung nachgewiesen sein, dass der Verbraucher das Lebensmittel nur wegen der fehlerhaften bzw. unterlassenen Kennzeichnung und nicht aus anderen Gründen gekauft hat. Dass diese vereinfachende Sicht der Kausalitätsproblematik gerecht wird, muss leider bezweifelt werden. Deutlich wird dies bereits an den angeführten Beispielen. So soll beispielsweise die unzulässige Auslobung eines Lebensmittels als Bio-Produkt oder ein irreführender Claim bzw. Verstoß gegen die Health-Claims-Verordnung, der eine Strafbarkeit u. a. nach § 59 LFGB zur Folge haben kann, zu einer zwingenden Abschöpfung der mit dem Vertrieb des Lebensmittels erzielten Einnahmen führen.[39] Entsprechende Angaben müssten in irgendeiner Form als kausal für die Kaufentscheidung der Verbraucher angesehen werden.

Anders sei dies hingegen etwa bei einer zu kleinen Schrift im Rahmen der Pflichtkennzeichnung oder wenn der Kennzeichnungsfehler bei Pflichtangaben eher unbedeutend sei.[40] Diese Beispiele verdeutlichen ungewollt, dass die gesetzliche Wendung „durch oder für die Tat" selbst wertungsabhängig ist, zumal Kausalität gerade in Fällen, in denen es um Betrug oder Kennzeichnungsverstöße geht, ohnehin nicht tatsächlich sondern normativ wertend festgestellt wird. Der BGH hat dies gerade für Massenbetrugsfälle treffend ausgedrückt, indem er nicht etwa für jeden einzelnen Verbraucher den Beweis einer tatsächlichen Beeinflussung der Kaufentscheidung durch eine Irreführung verlangt, sondern bei feststehender Täuschung ein sachgedankliches Mitbewusstsein, d. h. ein ausschließlich normativ bestimmtes Vorstellungs-

---

36 So noch vor Inkrafttreten des Einziehungsrechts BGHSt 62, 114 und hierzu *Ceffinato* ZWH 2018, 161.
37 Vgl. zur unzutreffenden Kennzeichnung eines Pangasiusfilets treffend auch *Roffael/Wallau* LMuR 2020, 373 f.
38 Vgl. dazu und im Folgenden wenig überzeugend *Meisterernst/Vergho* ZLR 2019, 58 f.
39 So *Meisterernst/Vergho* ZLR 2019, 59.
40 Vgl. *Meisterernst/Vergho* ZLR 2019, 58.

bild der Geschädigten genügen lässt.[41] Mit Kausalerwägungen dürfte man bei Kennzeichenverstößen kaum weiterkommen, schließlich orientiert sich eine Irreführung bei diesen am Verbraucherleitbild und gerade nicht an einer individuellen Kaufentscheidung. Selbstverständlich könnte auch eine kleine Schrift Einfluss auf eine Kaufentscheidung haben, wenn der Verbraucher dadurch einen Hinweis nicht wahrnimmt, der seinen Kauf verhindert hätte. Tatsächlich sind es aber Schutzzweckerwägungen, die dazu führen, dass es schlicht unangemessen erscheint, aufgrund eines Verstoßes gegen bestimmte Kennzeichnungspflichten den Bruttokaufpreis einzuziehen.

VI. Schutzzweckorientierte Einschränkung des Bruttoprinzips

Letztlich geht es damit vorrangig um die Frage wie das Bruttoprinzip im Lichte der gesetzlichen Formulierung, der Täter müsse etwas durch oder für die Tat erlangt haben, zu konkretisieren ist. Vor der Reform hatte der 5. Strafsenat trotz Geltung des Bruttoprinzips insbesondere bei Korruptionsdelikten vorrangig auf den wirtschaftlichen Vorteil abgestellt, etwa bei einem durch Bestechung erlangten Auftrag nicht auf die Bruttovergütung, sondern auf den kalkulierten Gewinn einschließlich weiterer mittelbarer wirtschaftlichen Vorteile.[42] Ebenso wurde bei Insidergeschäften in schutzzweckorientierter Betrachtung nur der Sondervorteil aus dem Insiderwissen abgeschöpft, d. h. die Differenz zu dem Betrag, den nichtinformierte Anleger als Wertverlust hinsichtlich ihrer Anlagen erlitten haben.[43] So zutreffend eine schutzzweckorientierte Betrachtung auch sein mag, im Grunde wurde dadurch de facto zum Nettoprinzip zurückgekehrt. Tatsächlich dürfte es dem Willen des Gesetzgebers wohl eher entsprochen haben, mit einer sehr weiten Auffassung den gesamten zugeflossenen Wert als das erlangte Etwas anzusehen, ohne dass dabei eine Differenzierung unter Berücksichtigung der verletzten Strafnorm zu erfolgen hat. So hat nach neuer Gesetzeslage nunmehr auch der 5. Strafsenat in einem Fall der Bestechlichkeit die Einziehung des gesamten durch die Bestechung erlangten Vorteils und nicht lediglich des dabei erzielten Gewinns gebilligt.[44] Im konkreten Fall erlangte der Täter durch Bestechung Grundstücke, die er anschließend teilte und gewinnbringend veräußerte. Eingezogen wurde der gesamte Verkaufserlös und der Täter konnte lediglich die Kosten und Steuern für den Grundstückserwerbsvorgang in Abzug bringen.

---

41 Vgl. BGH NStZ 2019, 43.
42 Vgl. zum „Kölner Müllskandal" BGHSt 50, 299 ff.
43 Vgl. BGH NJW 2010, 882 ff.; *Emmert* NZWiSt 2016, 450; *Schäuble/Pananis* NStZ 2019, 66 f.
44 Vgl. auch BGH wistra 2019, 22 und dazu auch *Rönnau/Begemeier* NStZ 2020, 1.

Auch wenn es bisher nur vergleichsweise wenige Urteile zur Konkretisierung des Bruttoprinzips bei Wertersatzverfall gibt, so dürfte doch bei den Senaten Einigkeit bestehen, dass eine schutzzweckorientierte Einschränkung des Bruttoprinzips, jedenfalls bei vorsätzlichen Verstößen, dem Willen des Gesetzgebers widerspricht[45] und auch aus Gründen der Verhältnismäßigkeit nicht geboten ist. Dass insoweit scheinbar nur wenige Streitfälle zum BGH gelangen, könnte seine Ursache allerdings auch darin haben, dass es nur selten zum Schwur kommt, weil die Strafverfolgungs- und Ordnungsbehörden mit Billigung der Obergerichte in unangemessenem Umfang von der Möglichkeit des § 73d StGB Gebrauch machen, Umfang und Wert des Erlangten einschließlich der abzuziehenden Aufwendung zu schätzen. Da es sich bei der Einziehung gerade um keine Strafe handelt, fühlen sich die Anordnenden insoweit nicht an die Rechtsprechung des Bundesverfassungsgerichts gebunden.

Diese hat bei Schätzungen etwa der Schadenshöhe im Rahmen eines Straftatbestandes die Mitteilung der Berechnungsgrundlage für die Schätzung sowie die sie tragenden Tatsachen verlangt. Vermutlich wird auch der Einziehungsbetroffene dagegen nur selten gerichtlich Rechtsschutz beantragen, weil der Einziehungsbetrag bereits vor der Reform des Einziehungsrechts nicht selten Gegenstand einer Vereinbarung zwischen den Betroffenen gewesen ist. Von rechtsberatender Seite wird dies teilweise sogar als Vorteil angesehen, da die Verteidigung so die Möglichkeit habe, den Einziehungsbetrag durch Vortrag der Anknüpfungstatsachen für die Schätzungsgrundlage zu beeinflussen. Tatsächlich wird dadurch aber – wie mir selbst aus Fällen aus der Praxis bekannt ist – ein großer Kooperationsdruck auf Betroffene und Drittbeteiligte ausgeübt. Ohne den Strafverfolgungsbehörden hier Böses unterstellen zu wollen, wird die Ausweitung vorläufiger Möglichkeiten der Sicherstellung des erlangten Etwas im Wege des Vermögensarrestes ihr Übriges dazu tun, die Verständigungsbereitschaft des Lebensmittelunternehmens gerade in Fällen der Dritteinziehung erheblich zu steigern.[46] Da ein Arrest bereits bei einem Anfangsverdacht und zumindest nach dem Wortlaut des Gesetzes ohne Arrestgrund möglich ist, droht dem drittbegünstigten Unternehmen eine erhebliche Einschränkung der wirtschaftlichen Handlungsfähigkeit. Das wird den Unternehmer regelmäßig bei Ankündigung der Sicherstellung durch die Straf-

---

45 Vgl. auch BT-Drs. 18/9525, S. 68.
46 Verfahrensabsprachen über die Einziehung sollen allerdings unzulässig sein, weil Entscheidungen nach §§ 73 bis 73c zwingend erfolgen müssen (so BGH NStZ 2018, 366 f. zur Rüge einer Verletzung des § 257c StPO, weil sich das Landgericht von der im Wege einer Verständigung getroffenen Vereinbarung gelöst habe, die eine Einziehung des Wertes von Tatterträgen nicht geregelt habe; vgl. auch *Fischer*, Strafgesetzbuch, § 73 Rn. 3b; *Ordner* wistra 2017, 53). Die Strafverfolgungspraxis spricht hier eine deutlich andere Sprache und so verwundert es nicht, dass für das Prozessrecht darauf hingewiesen wird, dass dieses Elemente des Opportunitätsprinzips enthalte, „um in jedem Einzelfall eine sachgerechte Lösung zu ermöglichen", vgl. *Rettke* NZWSt 2019, 281.

verfolgungsbehörde zu kooperativem Verhalten veranlassen. Da mag der Gesetzgeber noch so sehr betonen, einstweilige Maßnahmen gegen Dritte seien besonders sorgfältig zu prüfen, die Kombination von Schätzung, Anfangsverdacht und fehlendem Arrestgrund trägt jedenfalls nicht zur Rechtssicherheit für die Unternehmen bei.

Da bei den Senaten des BGH zwischenzeitlich Einigkeit besteht, dass der Wille des Gesetzgebers auf eine konsequente Umsetzung des Bruttoprinzips gerichtet war, hat mein vielleicht schon deutlich gewordenes Plädoyer für eine engere Sichtweise kaum praktische Umsetzungschancen.[47] Tatsächlich erscheint es mir aus Verhältnismäßigkeitserwägungen und gerade auch wegen der Bezugnahme auf § 817 richtig, bei einer Bruttoeinziehung die Zielrichtung des missachteten Straftatbestands zu berücksichtigen und nur die Werte zu erfassen, die unmittelbar den Bezugspunkt des Sanktionszwecks bilden.

Lassen Sie mich das vielleicht an meinem Eingangsbeispiel der unterlassenen Hygienemaßnahme verdeutlichen. Selbstverständlich ist es nach § 29a IV OWiG grundsätzlich möglich, den Verfall selbständig anzuordnen, wenn aus Opportunitätserwägungen von der Festsetzung einer Geldbuße abgesehen wird.

Der damit verbundene Übergang zum Bruttoprinzip an Stelle einer an sich vorrangig zu verhängenden geringfügigen Geldbuße, die lediglich den Nettogewinn einbezieht, entbindet die Behörde aber trotz dann üblicher Schätzung nicht davon, das erlangte Etwas auch in der Einziehungsanordnung genau zu bestimmen und die Schätzungsgrundlage hierfür mitzuteilen.[48] Der abzuschöpfende Vorteil muss durch die Tat, d.h. durch die mit Geldbuße bedrohte Handlung oder aus ihrer Begehung erlangt worden sein. Anders gewendet muss die Abschöpfung spiegelbildlich dem Vermögensvorteil entsprechen, den der Täter aus der Tat gezogen hat.[49] Unter „Tat" ist dabei die im Ordnungswidrigkeitentatbestand umschriebene Verhaltensweise, nicht aber eine durch diese lediglich mittelbar beeinflusste Handlung zu verstehen (etwa hier die Veräußerung von Lebensmitteln, die der Gefahr einer nachteiligen Beeinflussung ausgesetzt gewesen sein sollen).

Nun könnte man sich auf den Standpunkt stellen, dass §§ 3, 10 LMHV an das „Inverkehrbringen" von Lebensmitteln anknüpfen, die der Gefahr einer

---

47 Ausdrücklich gegen eine Berücksichtigung des Rechtsguts bzw. des Schutzzwecks bei § 263 OLG Zweibrücken RDG 2020, 85. Es wurden Leistungen minderqualifizierter Pflegedienstmitarbeiter gegenüber den Sozialbehörden abgerechnet und das Gericht lehnte es ab, die ersparten Aufwendungen des Opfers für die Pflegeleistungen in Ansatz zu bringen; zu Recht krit. hierzu *Bittman* NStZ 2020, 653.
48 Vgl. Göhler, Ordnungswidrigkeitengesetz/*Gürtler* § 29a Rn. 9, 27.
49 Der BGH NStZ 2020, 281, hat keine rechtlichen Bedenken, den Wert des erlangten Etwas bei Betrugstaten im Ausgangspunkt nach dem Vermögensschaden i.S. des § 263 StGB zu bestimmen.

nachteiligen Beeinflussung ausgesetzt waren und infolgedessen der erzielte bzw. hypothetische Bruttoumsatz für die Höhe des Verfalls maßgebend sein müsse. Das mag auch für die Fälle zutreffend sein, in denen nicht wie bei § 3 LMHV die *Gefahr* einer nachteiligen Beeinflussung genügt, sondern aufgrund einer *gesundheitsschädlichen* Beeinflussung bei Herstellung, Behandlung oder Inverkehrbringen ein Verkehrsverbot für die verkaufte Ware besteht. Gleichermaßen wird eine Bruttoeinziehung in Höhe des Umsatzes in Betracht kommen, wenn mit dem Verkauf, d. h. Inverkehrbringen der Ware ein Betrug verbunden ist, der an eine nicht vorhandene Eigenschaft der Ware anknüpft. § 3 LMHV stellt aber gerade nicht auf das Herstellen, Behandeln oder Inverkehrbringen der Ware selbst ab, sondern verpflichtet als echtes Unterlassungsdelikt den Handlungsverantwortlichen die Gefahr einer nachteiligen Beeinflussung zu unterbinden.[50] So werden durch die Hygieneanforderungen des § 3 LMHV auch Handlungen erfasst, die vor einer möglichen nachteiligen Beeinflussung liegen, der Gegenstand der nachteiligen Beeinflussung muss zum Zeitpunkt der Unterlassung einer geeigneten Maßnahme (etwa der Planung einer Entlüftungsanlage oder wie hier die Ausstellung eines Staubschutzes) gerade noch nicht vorhanden sein. Könnte nun in der Anordnung der Einziehung an das Inverkehrbringen nur möglicher Weise stofflich veränderter Lebensmittel angeknüpft werden, würde eine gesetzlich gerade nicht beabsichtigte, völlig uferlose und unverhältnismäßige Möglichkeit der Einziehung geschaffen.

Gegenstand des Verfalls können damit aus Schutzzweckerwägungen bei einem durch echtes Unterlassen begangenen Verstoß nur die ersparten Aufwendungen sein, wenn die Gebotsnorm wie etwa im Hygienerecht nur einer Gefahr vorbeugen soll, die Lebensmittel aber ohne Gefahrverwirklichung grundsätzlich verkehrsfähig sind. Ähnlich hatte die Rechtsprechung dies noch vor Reform der Einziehung etwa bei Verletzung von Geboten des Umweltschutzes gesehen, wenn bei diesen nur der Wert der Aufwendungsersparnis angesetzt wurde oder bei Geboten des Wettbewerbsrechts allenfalls der zu beziffernde Wettbewerbsvorteil eingezogen wurde.[51] Nicht aber darf bei Geboten des Lebensmittelrechts zur Abwehr von Gefahren ein damit nur mittelbar in Verbindung stehender Umsatz herangezogen werden. Andernfalls würde auf einen Bereicherungszusammenhang verzichtet und der selbständige Verfall ginge seines Konditionscharakters zu Gunsten einer unbestimmten und damit verfassungswidrigen Sanktion verlustig.

---

50 Vgl. Zipfel/Rathke, Lebensmittelrecht, *Rathke/Zipfel* § 3 LMHV Rn. 5.
51 Vgl. dazu bereits oben und ergänzend Satzger/Schluckebier/Widmaier/*Heine* § 73d Rn. 3, 11 ff.